职业教育·城市轨道交通类专业教材

城市轨道交通客运服务手语

（第2版）

李 洁　李 洁　主　编
吕漫池　胡小依　副主编

人民交通出版社股份有限公司
北　京

内 容 提 要

本书为职业教育城市轨道交通类专业教材。本书在第1版的基础上修订形成了第2版。本书从岗位需求和教学实际出发，以城市轨道交通客运服务典型工作任务为主线，融合其他轨道交通客运服务内容。本书共分为6个项目，包括走进手语世界、站厅服务手语、票务服务手语、列车服务手语、站台服务手语、应急处理手语；设计了情境导入、任务描述、知识储备、任务考核与评价等栏目。

本书为城市轨道交通运营管理专业拓展课程教材，既可供职业院校教学使用，也可供城市轨道交通行业岗位培训使用或供从业人员学习参考。本书配套丰富助学助教资源，请有需求的教师加入轨道教学研讨群（QQ群129327355）获取。

图书在版编目(CIP)数据

城市轨道交通客运服务手语/李洁，李洁主编.—2版.
—北京:人民交通出版社股份有限公司,2022.8
ISBN 978-7-114-17943-3

Ⅰ.①城… Ⅱ.①李…②李… Ⅲ.①城市铁路—客运服务—手势语—教材 Ⅳ.①U239.5

中国版本图书馆CIP数据核字(2022)第078571号

Chengshi Guidao Jiaotong Keyun Fuwu Shouyu

书　　名：	城市轨道交通客运服务手语（第2版）
著 作 者：	李　洁　李　洁
责任编辑：	钱　堃
责任校对：	席少楠　刘　璇
责任印制：	刘高彤
出版发行：	人民交通出版社股份有限公司
地　　址：	（100011）北京市朝阳区安定门外外馆斜街3号
网　　址：	http://www.ccpcl.com.cn
销售电话：	（010）59757973
总 经 销：	人民交通出版社股份有限公司发行部
经　　销：	各地新华书店
印　　刷：	北京武英文博科技有限公司
开　　本：	787×1092　1/16
印　　张：	13
字　　数：	308千
版　　次：	2019年3月　第1版
	2022年8月　第2版
印　　次：	2023年7月　第2版　第3次印刷
书　　号：	ISBN 978-7-114-17943-3
定　　价：	40.00元

（有印刷、装订质量问题的图书，由本公司负责调换）

PREFACE | 前言

编写背景

为适应城市轨道交通行业的快速发展，贯彻落实《国家职业教育改革实施方案》（国发〔2019〕4号）等文件精神，推进现代学徒制等人才培养模式改革，编者与北京地铁、京港地铁、上海地铁、广州地铁、杭港地铁、成都地铁等多家地铁企业深入合作，总结十余年职业教育教学改革和企业培训教材开发经验，以任务导向形式编写了本书。本书以学生为中心设计了客运服务实践任务，能够切实提高学生为聋哑乘客提供服务的能力。

编写特点

1. 对接岗位需求，校企"双元"合作编写

在本书编写过程中，编者调研了北京、广州、武汉、杭州等多地城市轨道交通运营企业，对照行业龙头企业实际岗位技能标准和客运服务要求，将课程内容与岗位实际要求对接。此外，本书兼顾考虑了轨道交通专业群教学需求，补充了多种轨道交通客运服务手语教学内容，增强了本教材的实用性。

2. 任务导向式教学，以学生为中心

本书践行职业教育教学改革理念，基于任务导向式教学法，对城市轨道交通企业站务员岗位典型工作任务进行任务化改造，引导学生在任务中掌握手语服务技能。

3. 对标专业教学标准，融入课程思政

本书对标教育部发布的专业教学标准，注重培养学生的综合素质，融入课程思政内容。

4. 教学内容丰富，可读性强

本书包含大量工作情境、手语图片、案例及数字资源二维码，版式设计新颖，可读性强。

5. 教学资源多样化，满足线上线下混合式教学需求

本书提供了企业手语服务的真实案例，另配套形式丰富的助学助教资源，方便教与学。

6. 方便活页式装订，已印刷活页孔位置

　　为更好地贯彻执行《国家职业教育改革实施方案》（国发〔2019〕4号）中"倡导使用新型活页式、工作手册式教材并配套开发信息化资源"的理念，本书在"任务化"教学内容的基础上，在全书印刷了活页孔位置，教师和学生可根据自身需求，将本书拆分打孔后用B5纸张9孔型活页夹或活页环装订成活页式教材使用。

编写分工

　　本书由武汉铁路职业技术学院李洁和西安铁路职业技术学院李洁担任主编，由北京交通运输职业学院吕漫池和武汉铁路职业技术学院胡小依担任副主编。具体编写分工如下：武汉铁路职业技术学院李洁负责编写项目一、二、四、五、六和全书的提纲编制、统稿工作，胡小依负责编写项目三，西安铁路职业技术学院李洁负责编写全书手语手势，吕漫池负责编写全书素养小课堂内容。

致谢

　　本书在编写过程中参考和引用了大量有关中国手语手势和城市轨道交通客运服务的文献资料，在此表示衷心的感谢。

　　由于编者水平有限，书中不足之处敬请读者批评指正。

编者
2022年1月

CONTENTS | 目录

数字资源二维码 / Ⅰ

项目一
走进手语世界 / 001

任务一　手语认知 / 001

任务二　汉语拼音手指字母认知 / 005

任务三　城市轨道交通客运服务常用手语词汇认知 / 008

项目二
站厅服务手语 / 017

任务一　乘车指引 / 017

任务二　安全检查 / 026

任务三　进站服务 / 037

任务四　其他轨道交通站厅服务 / 048

项目三
票务服务手语 / 064

任务一　购票与充值指引 / 064

任务二　其他票务服务 / 076

任务三　其他轨道交通票务服务 / 088

项目四

列车服务手语 / 106

任务一　文明乘车引导 / 106

任务二　有轨电车乘务服务 / 115

任务三　其他轨道交通乘务服务 / 125

项目五

站台服务手语 / 137

任务一　候车引导 / 137

任务二　其他站台服务 / 146

项目六

应急处理手语 / 155

任务一　客伤事故处理 / 155

任务二　乘客特殊事务处理 / 166

任务三　其他特殊事务处理 / 178

任务四　其他轨道交通应急处理 / 189

参考文献 / 198

数字资源二维码

序号	名　　称	对应内容
1	汉语拼音手指字母	项目一任务二
2	数字手语	项目一任务三
3	指引方向	项目二任务一
4	提醒乘客佩戴口罩、测量体温	项目二任务二
5	指引乘客进入闸机	项目二任务三
6	指引乘客打印车票	项目二任务四
7	引导乘客使用自动售票机（TVM）	项目三任务一
8	引导乘客退票	项目三任务二
9	引导乘客购买火车票	项目三任务三
10	提醒乘客抓紧扶手、注意安全	项目四任务一
11	引导乘客刷卡	项目四任务二
12	帮助乘客存放行李物品	项目四任务三
13	引导乘客在安全线外候车	项目五任务一
14	引导乘客有序上下车	项目五任务二
15	发现乘客在自动扶梯上摔倒	项目六任务一
16	乘客物品遗失	项目六任务二
17	因恶劣天气关闭车站	项目六任务三

资源使用说明：

（1）扫描封面上的二维码（注意此码只可激活一次）。

（2）关注"交通教育"微信公众号。

（3）公众号弹出"购买成功"通知，点击"查看详情"，进入后即可查看资源。

（4）也可进入"交通教育"微信公众号，点击下方菜单"用户服务-开始学习"，选择已绑定的教材进行观看。

项目一　走进手语世界

● **项目描述**

在我国，聋哑人超过2000万。在我们看来，他们天生多了一份遗憾和不便，不过他们并非无言，而是一直用一种特殊的方式——手语来彼此沟通。城市轨道交通作为公共交通，其服务对象包括了聋哑乘客。作为城市轨道交通客运服务人员，掌握日常交际手语，能在为聋哑乘客提供服务时进行更顺畅的沟通，更体现出"以人为本，乘客至上"的服务理念。

● **学习目标**

1. 了解手语的基本内涵和特点。
2. 掌握汉语手指字母的指式。
3. 掌握城市轨道交通客运服务常用手语词汇。

● **建议学时**

6学时。

任务一　手语认知

语言是思维的工具，是沟通、交流和表达的工具，是人们进行社会交际的工具。人们用语言来交流思想、表达情感。而聋哑人由于听力受损、发声不完全等，常用手语与健听人进行沟通交流。

● **情境导入**

2022年北京冬奥会和冬残奥会期间，北京客运段京张高铁"雪之梦"乘务组充分利用车厢盲文设备设施以及手语知识，为乘客提供服务。他们优秀的运输服务保障工作，为乘客留下了深刻印象。"我们的冬奥列车是服务世界各地运动员和旅客的，语言是第一关，从百年京张变迁、奥运知识再到列车应急服务，我们乘务组每一名乘务员，对英语、小语种还包括手语，都能够进行随时切换。""雪之梦"乘务组列车长说。

摘编自央广网（2022年2月23日）

任务描述

手语就是用双手来"说话",从而达到交流的目的。在学习手语之前,我们需要了解手语的基本情况,掌握手语手势的基本要求和规范,为学好手语打下坚实的基础。请学习"知识储备"内容,完成"任务实施"的题目。

任务分组

姓　名	学　号	分　工	备注	学习计划
			组长	

知识储备

1. 手语是什么?

手语是应聋哑人交际需要而产生的,用手势比量动作,根据手势的变化模拟形象或者音节以构成一定意思的一种手势语言。它是聋哑人互相交流的重要工具。身为聋人的杨军辉博士对手语的定义是:"手语是人们在聋人环境中使用的手形、移动、位置、手掌朝向,配合面部表情和身体姿态(有时也配合口型),按照一定的语法规则来表达特定意思的交际工具。"作为正常人,我们也可以使用手语,把它当作一种表达内心情感的语言。值得注意的是,手语是一种语言学意义上的语言,具有丰富的词汇系统和语法规则,和有声语言具有同等地位。

2. 手语的分类有哪些?

根据手语的表现形式,我们可以把手语分为手指语和手势语。手指语用手指代替拼音,组成一定的汉字,来表达聋哑人的思想。手势语用手的指示、动作、位置和朝向,配合面部表情和体态语言,按照一定的语法规则表达特定的意思。

3. 手语有什么特点?

为了更清晰地了解手语的特点,我们常常将它与有声语言相比较。

(1)手语和有声语言的表达载体不同:手语是把思想和感情附着在动作、表情之中,而有声语言是把思想、情感附着在声音之中。

(2)手语和有声语言接收信息的渠道不同:前者是用眼睛看,后者是用耳朵听。

(3)手语多与物体联系,常用手势动作比画物体,具有很强的形象性;有声语言则多是概括地反映现实情况。

4. 手语的地域差异

很多人以为全世界的手语都是一样的,其实这是一个误解。正如有声语言存在地域差异一样,手语也有不同的"语种"和"方言"。全世界存在着多种多样的手语语种,例如中国手语、美国手语、英国手语、法国手语、日本手语……除了语种差异,手语中还存在方言差异。所谓"中国手语"只是一种统称，事实上，我国各地的手语并不完全一样，每个地方的手语各有特色。

虽然各地的手语"语种"和"方言"之间存在差异，但它们之间的区别并不会像有声语言一样大到不能交流的地步。一个北京人到闽南地区可能完全听不懂当地人说什么，但对于聋哑人来说，就算是第一次见面也能基本无障碍地交流。即使是中国手语和英国手语，其间的差异也远远小于汉语和英语的区别。各个国家和地区的手语在手语词汇和指式上有不同之处，但在部分手势、手语造词法和造句法等方面有很多相通之处。

5. 我国手语手势的基本要求和规范

（1）使用双手展示。双手自然置于胸前，手势动作范围宽不过两肩，高不过头，且不低于前胸（个别手语除外），以便对方能看清楚。此外，使用双手时，一般是左静右动：右手做出主要手语动作，左手起辅助作用。

（2）注意手势的清晰度和幅度。手语是空间变化的语言，做动作时要注意手形准确、运动到位。握拳、伸五指、伸食指等都是手语中频繁使用的手形，每根手指当曲则曲、当直则直，在做竖立、横切、弯曲、平转、画圈等动作时务必准确，不能做成其他。另外，手势幅度不宜过大。

（3）注意手势的速度。手势的速度与交际内容有一定联系，也与人的个性有一定的关系。在一般情况下，以让对方看清楚为前提，应不快不慢、速度适中。手势还可以根据交际内容变化速度。比如在用手语讲故事时，速度上的变化会带来节奏感，更能吸引人。另外，每个手势之间的过渡也要清楚，不可含糊带过。

（4）注意手势与面部表情的结合。面部表情是手语的一个重要元素。手势结合表情可以使沟通更生动，将意思表达得更精确。

（5）注意手势和口语的结合。手语里有很多词语的手势是一样的，用手语交流时可以根据口型来辨别对方想要表达的意思；另外，一边做手势一边讲口语，也是我们对聋哑朋友的尊重。我们与他们交流应当和与健听人的交流一样，不应因为他们有听力方面的障碍而区别对待。

手语手势做得既标准又优美，不仅能让沟通更加顺畅，还能体现一个人的基本素质和修养。当然，任何一种语言的学习都没有捷径，必须经过长期积累才能运用自如。

6. 城市轨道交通客运服务人员学习手语的意义

掌握城市轨道交通服务手语，是城市轨道交通客运服务人员的工作技能要求之一。当服务对象是聋哑乘客时，如果城市轨道交通服务人员能运用手语和他们进行交流，可以极大地提高服务效率和服务质量，也能让聋哑乘客感受到服务人员的真诚。

◆ 任务实施

1. 假设你是一名城市轨道交通客运服务人员，请结合手语的基本内涵和行业特点，谈谈对手语的认识。

2. 学习手语之前应做一些准备工作，比如手指操，可以让双手变得灵活协调。请完成以下手指操。

手指操一：左手摩擦大腿，右手做挥手再见的动作；两手重复交换动作。

手指操二：左手画方，右手画圆；两手重复交换动作。

手指操三：做"一枪打一个"的手指游戏（图1-1）。

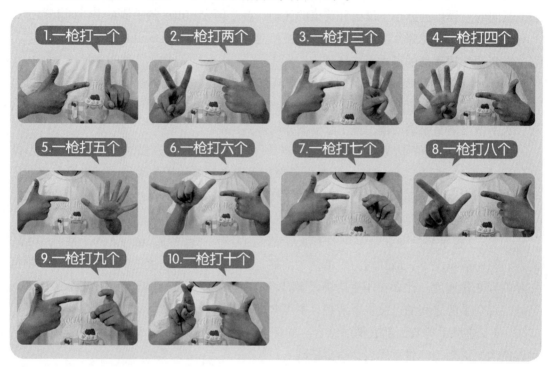

图1-1　手指操——"一枪打一个"

任务考核与评价

根据任务完成情况，完成本次学习任务的考核与评价。具体考核评价标准见项目一任务一考核评价表（表1-1）。

表1-1　项目一任务一考核评价表

学号：　　　　　　班级：　　　　　　姓名：

考核能力	考核项目	考核内容	分值（分）	小组互评	教师评价
综合能力	手语内涵	准确说出手语的概念、要素、分类	20		
	手语特点	准确说出手语的特点	20		
	手语手势规范	准确说出手语手势的基本要求和规范	20		
	手语操熟练程度	熟练完成手语操	20		
	服务意识	准确说出手语在城市轨道交通客运服务中的重要性	20		
合计			100		

任务二 汉语拼音手指字母认知

汉语拼音是辅助汉字读音的工具，掌握拼音是学习中文的基础。用指式动作代表汉语拼音字母的手指语是手语的重要组成部分，是聋哑人交流的一种辅助工具。它可以按照《汉语拼音方案》拼成普通话，也可以构成手语词或者充当手语词的语素。

情境导入

在2022年北京冬残奥会期间，国家体育馆承办冰球比赛。志愿者小王在开赛前特意学习了一些手语的动作和表达方式，希望在志愿服务中派上用场。他说："届时会有更多的残疾人观众前来观赛，我不仅学习了手语，还备好了笔和纸，随时准备与观众沟通，尽可能地帮助他们，提供最好的观赛体验。这是我的职责。"

摘编自北京青年报（2022年3月6日）

任务描述

想学好手语吗？请先熟练掌握手指语。请学习"知识储备"的内容，完成"任务实施"的题目。

知识储备

手指语一般用来表达姓氏、称谓、行政区划、机关名称等专有名词，如姓氏"刘"用"L"来表示。手指语也用来表达较为抽象的概念或者手势语难以表达的概念，如"政治"用"ZH-ZH"来表示。

汉语拼音手指字母一般用右手表示，特殊情况时也可以使用左手。如用左手表示，方向应相应地改变。同时，应注意姿势端正，目光平视前方，手臂自然弯曲，手势动作清晰准确，不随意晃动、摇摆。汉语拼音手指字母如表1-2所示。该图为平视图，以观看者的角度呈现。

表1-2 汉语拼音手指字母

声母（23个）

B b	P p	M m	F f
右手拇指向掌心弯曲，食、中、无名、小指并拢直立，掌心向前偏左	右手拇、食指搭成圆形，中、无名、小指并拢伸直，指尖朝下，虎口朝前偏左	右手拇、小指弯曲，拇指搭在小指中节指上，食、中、无名指并拢弯曲搭在拇指上，指尖朝前下方，掌心向前偏左	右手食、中指横伸，稍分开，指尖朝左，拇、无名、小指弯曲，拇指搭在无名指上，手背向外

续上表

声母（23个）

 D d	 T t	 N n	 L l
右手握拳，拇指搭在中指上，虎口朝后上方	右手拇、中、无名指指尖相抵，食、小指直立，掌心向前偏左	右手拇、无名、小指弯曲，拇指搭在无名指上，食、中指并拢弯曲搭在拇指上，指尖朝前下方，掌心向前偏左	右手拇、食指张开，食指指尖朝上，中、无名、小指弯曲，指尖低于掌心，掌心向前偏左
 G g	 K k	 H h	 J j
右手食指横伸，指尖朝左，中、无名、小指弯曲，指尖抵于掌心，拇指搭在中指上，手背向外	右手食指直立，中指横伸，拇指搭在中指上，无名、小指弯曲，指尖抵于掌心，虎口朝内	右手食、中指并拢直立，拇、无名、小指弯曲，拇指搭在无名指上，掌心向前偏左	右手食指弯曲，指背向上，中、无名、小指指尖抵于掌心，拇指搭在中指上，虎口朝内
 Q q	 X x	 ZH zh	 CH ch
右手拇指在下，食、中指并拢在上，拇、食、中指指尖相捏，指尖朝前偏左，无名、小指弯曲，指尖抵于掌心	右手食、中指直立，中指搭在食指上，拇、无名、小指弯曲，拇指搭在无名指上，掌心向前偏左	右手食、中、小指横伸，食、中指并拢，指尖朝左，拇、无名指弯曲，拇指搭在无名指上，手背向外	右手拇指在下，食、中、无名、小指并拢在上，指尖朝左乘扁"⊃"形，虎口朝内
 SH sh	 R r	 Z z	 C c
右手拇指贴近手掌，食、中指并拢微曲与手掌成90°，无名、小指弯曲，指尖抵于掌心，掌心向前偏左	右手拇、食指张开，食指指尖朝左，拇指指尖朝上，中、无名、小指弯曲，指尖抵于掌心，手背向外	右手食、小指横伸，指尖朝左，拇、中、无名指弯曲，拇指搭在中、无名指上，手背向外	右手拇指向上弯曲，食、中、无名、小指并拢向下弯曲，指尖相对成C形，虎口朝内

续上表

声母（23个）

 Ss
右手拇指贴近手掌，食、中、无名、小指并拢微曲与手掌成90°，掌心向前偏左

 Yy
右手伸拇、小指，指尖朝上，食、中、无名指弯曲，掌心向前偏左

 Ww
右手食、中、无名指直立分开成W形，拇、小指弯曲，拇指搭在小指上，掌心向前偏左

单韵母（6个）

 Aa
右手伸拇指，指尖朝上，食、中、无名、小指弯曲，指尖抵于掌心，手背向右

 Oo
右手拇指向上弯曲，食、中、无名、小指并拢向下弯曲，拇、食、中指指尖相抵成O形，虎口朝内

 Ee
右手拇、食指搭成圆形，中、无名、小指横伸，稍分开，指尖朝左，手背向外

 Ii
右手食指直立，中、无名、小指弯曲，指尖抵于掌心，拇指搭在中指上，掌心向前偏左

 Uu
右手拇指贴近手掌，食、中、无名、小指并拢直立，掌心向前偏左

 Üü
用U的指式，食、中、无名、小指前后晃动两下

加符字母（2个）

 NGng
右手小指横伸，指尖朝左，拇、食、中、无名指弯曲，拇指搭在食、中、无名指上，手背向外

 Êê
用E的指式，手上下晃动两下

任务实施

请准确而连贯地用右手表示汉语拼音手指字母。

任务考核与评价

根据任务完成情况，完成本次学习任务的考核与评价。具体考核评价标准见项目一任务二考核评价表（表1-3）。

表1-3 项目一任务二考核评价表

学号：　　　　　　　班级：　　　　　　　姓名：

考核能力	考核项目	考核内容	分值（分）	小组互评	教师评价
专业能力	手势准确性	汉语拼音手指字母手势准确	30		
	手势标准性	汉语拼音手指字母手势规范、标准	25		
	手势流畅性	汉语拼音手指字母手势顺畅、流利	25		
	手口合一	手语手势与口语的结合较好	20		
		合计	100		

城市轨道交通客运服务常用手语词汇认知

情境导入

某日上午8时许，某地铁站来了几位聋哑乘客。他们用手语进行交流，准备乘坐地铁。但是他们看起来有些犹豫，似乎遇到了一些问题。

假如你是一名地铁工作人员，你要如何更好地为他们服务呢？

任务描述

请先学习"知识储备"中的常用手语词汇，然后完成"任务实施"中的题目。

任务分组

姓　　名	学　　号	分　　工	备注	学　习　计　划
			组长	

知识储备

下文总结了城市轨道交通客运服务常用的手语词汇，供学习者学习和练习。

数　字

| 数（数量、多少）：一手直立，掌心向内，五指张开，交替点动 | 多：一手（或双手）侧立，五指张开，边抖动边向一侧移动 | 少：一手拇、食指相捏，拇指微弹一下 | 零（0）：一手五指捏成圆形，虎口朝内 |

| 一（1）：一手食指直立（横伸），掌心向外（向内） | 二（2）：一手食、中指直立（横伸）分开，掌心向外（向内） | 三（3）：一手中、无名、小指直立（横伸）分开，掌心向外（向内） | 四（4）：一手食、中、无名、小指直立（横伸）分开，掌心向外（向内） |

| 五（5）：一手五指张开（横伸），掌心向外（向内） | 六（6）：一手拇、小指直立（横伸），掌心向外（向内） | 七（7）：一手拇、食、中指相捏，指尖朝斜前方（横伸），虎口朝斜后方（朝上） | 八（8）：一手伸拇、食指，掌心向外（向内） |

| 九（9）：一手食指弯曲，指背朝上，虎口朝内 | 十（10）：一手食、中指直立相叠，掌心向外（向内）；也可以一手拇、食指搭成"十"字形 | 二十（20）：一手食、中指直立分开，掌心向外（向内），弯动两下 | 三十（30）：一手中、无名、小指直立分开，掌心向外（向内），弯动两下 |

四十（40）：一手食、中、无名、小指直立分开，掌心向外（向内），弯动两下

五十（50）：一手五指张开，掌心向内（向外），弯动两下

六十（60）：一手拇、小指直立，掌心向外（向内），弯动两下

七十（70）：一手拇、食、中指相捏，指尖朝斜前方，虎口朝斜后方，向内缩动两下

八十（80）：一手伸拇、食指，掌心向外（向内），弯动两下

九十（90）：一手食指弯曲，指背朝上，虎口朝内，弯动两下

百（一百，100）：右手伸食指，从左向右挥动一下

千（一千，1000）：一手伸食指，指尖朝前，书空"千"字形

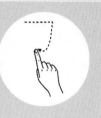 

万（一万，10000）：一手伸食指，指尖朝前，书空"⊐"形，表示"万"字的横折钩部分

亿（一亿，100000000）：右手五指成"⊃"形，指尖朝左，从外向内（或从内向外）微移一下

时　间

时间：左手侧立；右手伸拇、食指，拇指尖抵于左手掌心，食指向下移动

现在：双手横伸，掌心向外，在腹前同时向下微动两下

今天：一手横伸，掌心向上；在腹前向下微动两下

昨天：一手食指直立，掌心向内，自头一侧向后计划一下

 明天：头微偏，一手食指抵于太阳穴，然后向外移动，头转正，表示睡觉后过了一天，引申为明天	 以前：一手直立，掌心向内，向肩后挥动一下	 以后：一手直立，掌心向外，向前挥动一下	 早上：一手五指撮合，手背向上，虎口朝内，置于面前，边向上做弧形移动边张开
 上午：一手食指直立，掌心向外，然后边向上移动边张开五指	 中午：一手食指直立，手背向内，置于嘴部，然后五指张开	 下午：一手伸食指，指尖朝下，手背向外，然后边向下移动边张开五指	 晚上：右手直立，掌心向左，拇指张开，置于面前，其他四指向下弯动与拇指捏合
 白天：右手五指撮合，手背向上，虎口朝内，置于面前，边向右边做弧形移动边张开	 天（一天，整天）：右手食指横伸，指尖朝右，掌心向上，向左做弧形移动	 年：左手握拳，手背向外，虎口朝上；右手食指横伸，手背向外，自左手食指根部关节向下划	 一月（一月份）：左手食指，横伸手背向外；右手伸食指，指尖朝前，在左手下向左一撇
 星期：左手直立，掌心向外；右手食指直立，掌心向内（碰几下左手掌心，表示星期几）	 时（1小时）：左手握拳，手背向上；右手伸食指，指尖朝下，在左手腕顺时针转一圈	 分（1分钟）：左手握拳，手背向上；右手伸食指，指尖朝下，在左手腕向右滑动一下	 秒（1秒）：左手握拳，手背向上；右手伸食指，指尖朝下，在左手腕向左滑动一下

春：左手握拳，手背向上；右手食指点一下左手食指根部关节	夏：左手握拳，手背向上；右手食指点一下左手中指根部关节	秋：左手握拳，手背向上；右手食指点一下左手无名指根部关节	冬：左手握拳，手背向上；右手食指点一下左手小指根部关节

方　位

东：右手横立，指尖朝右	西：右手横立，指尖朝左	南：右手五指并拢，指尖朝下，掌心向左，置于身前正中	北：右手直立，掌心向左，五指并拢，置于胸前正中

上：一手食指直立，向上一指	下：一手伸食指，指尖朝下一指	前：一手伸食指，朝前一指（可根据实际决定手指的朝向）	后：一手伸食指，朝肩后一指

内（里面）：左手横立；右手食指直立，在左手掌心内从上向下移动	外（外面）：左手横立；右手伸食指，指尖朝下，在左手背外向下指	左：右手拍一下左臂（一手伸食指，向左一指）	右：左手拍一下右臂（一手伸食指，向右一指）

侧面：左手直立，掌心向外；右手直立，掌心贴于左手拇指，从上向下动一下

对面：双手食指直立，指面前后相对，然后同时向中间微移一下

中间：左手拇、食指成"匚"形，虎口朝内；右手直立，掌心向左，五指并拢，朝左手拇、食指中部碰一下

这里：一手伸食指，指尖朝前指两下（可根据实际决定手指的朝向）

那里：一手伸食指，指尖朝外指两下（可根据实际决定手指的朝向）

哪里（什么）：一手食指直立，掌心向外，左右晃动几下，面露疑问的表情

部分城市名称

北京：右手伸食、中指，指尖先点一下左胸部，再点一下右胸部

上海：双手伸小指，一上一下相互勾住

广州：双手平伸，掌心向上，向腰部两侧碰一下

深圳：左手横伸，掌心向下；右手伸食指，指尖朝下，在左手食、中指指缝间插两下

武汉：左手横伸；右手伸拇、食、小指，手背向上，向左手掌心上碰两下

西安：①左手拇、食指成"匚"形，虎口朝内；右手食、中指直立分开，手背向内，贴于左手拇指，仿"西"字部分字形。
②一手横伸，掌心向下，自胸部向下一按

南京：双手五指弯曲，食、中、无名、小指指尖朝下，手腕向下转动两下（表示方位"南"时，手腕向下转动一下）

成都：一手食、中指弯曲，置于太阳穴旁，手腕左右转动两下

部分城市轨道交通专业名词术语

交通：双手横立，掌心向内，从两侧向中间交错移动两下，表示车辆来往，引申为交通

轨道：①左手食、中指分开，指尖朝前，手背向上；右手食、中指弯曲，指尖抵于左手食、中指上，并向前移动，如列车行驶状。
②左手食、中指分开，指尖朝前，手背向上；右手伸食指，指尖朝下，指一下左手食、中指

火车：左手食、中指分开，指尖朝前，手背向上；右手食、中指弯曲，指尖抵于左手食、中指上，并向前移动，如列车行驶状

铁路：①双手握拳，虎口朝上，一上一下，右拳向下砸一下左拳，再向内移动。
②双手侧立，掌心相对，向前移动

动车：左手食、中指分开，指尖朝前，手背向上；右手打手指字母"D"的指式，手腕贴于左手食指，然后向指尖方向移动

高铁：左手食、中指分开，指尖朝前，手背向上；右手打手指字母"G"的指式，指尖朝左，从左手背向指尖方向移动

有轨电车：左手食指横伸，手背向上；右手食指弯曲如钩，指背抵于左手食指，并向右移动

地铁：左手平伸；右手食、中指弯曲，手背向上，置于左手掌心下，并向前移动

车站：①左手食、中指分开，指尖朝前，手背向上；右手食、中指弯曲，指尖抵于左手食、中指上，并向前移动，如列车行驶状。②左手横伸；右手食、中指分开，指尖朝下，立于左手掌心上。	站台：①左手横伸；右手食、中指分开，指尖朝下，立于左手掌心上。②双手平伸，掌心向下，先从中间向两侧平移，再折而下成"Π"形。	车次：①左手食、中指分开，指尖朝前，手背向上；右手食、中指弯曲，指尖抵于左手食、中指上，并向前移动，如列车行驶状。②左手拇、食指成"匸"形，虎口朝内；右手直立，手背向外，五指张开，在左手"匸"形内边从左向右移动边连续点动，表示一串数码。	（列车）车厢：①左手食、中指分开，指尖朝前，手背向上；右手食、中指弯曲，指尖抵于左手食、中指上，并向前移动，如列车行驶状。②双手五指成"∩∩"形，左右相挨，左手不动，右手向右一顿一顿移动几下。

素养小课堂

为聋哑人带去便捷

——"红铆钉"志愿服务在路上

　　天津轨道交通运营集团有限公司作为天津市公共交通重要的窗口服务单位，承担地铁1、2、3号线等线路的运营保障工作。2010年，公司成立了志愿者协会，并于2017年将协会整合为天津地铁"红铆钉"志愿服务总队。总队以"红铆钉"为标识，大力开展安全乘车保障、文明出行倡导和帮扶救助等公益活动，有力地促进了企业公益性文化建设，进一步提高了企业各项重要工作创新水平。

　　2019年，为了更好地服务在天津举办的第十届全国残疾人运动会暨第七届特殊奥林匹克运动会，天津轨道交通运营集团有限公司在市残疾人联合会、市聋人协会的指导下，结合城市轨道交通服务特点，录制了轨道交通行业常用服务手语教学视频，并在公司内部进行推广普及。在城市轨道交通服务中融入特殊关爱，不仅有利于和谐社会的建设，同时也增加了城市轨道交通的"温度"，能更好地满足各方乘客的多种需求。天津地铁"红铆钉"志愿服务总队还多次走进学校和社区宣传推广手语，有力倡导全民助残。天津轨道交通运营集团有限公司因友善、有爱的志愿行为和广泛的社会美誉度，于2019年获"全国交通运输公益文化建设优秀单位"荣誉称号。

摘编自天津轨道交通运营集团官方微博（2019年11月14日）

< 素质提升 >

残障人,尤其是聋哑人,正在逐步受到社会的广泛关注,手语服务逐渐成为多种类社会服务的重要组成部分,广大城市轨道交通从业者也正积极投身于多种类的志愿服务之中。请结合身边实际,谈一谈手语服务的重要性。

任务实施

1. 以两人为一组,"你划我猜"。
例:学生甲:用手语表示某地铁站名称。
　　学生乙:说出手语意思。
2. 以两人为一组,"你说我划"。
例:学生甲:说出某地铁站名称。
　　学生乙:用手语表示该地铁站名称。

任务考核与评价

根据任务完成情况,完成本次学习任务的考核与评价。具体考核评价标准见项目一任务三评价表(表1-4)。

表1-4　项目一任务三考核评价表

学号:　　　　　　班级:　　　　　　姓名:

考核能力	考核项目	考核内容	分值(分)	小组互评	教师评价
专业能力	手势准确性	常用词汇手势准确	25		
	手势标准性	常用词汇手势规范、标准	25		
	手势流畅性	常用词汇手势顺畅、流利	25		
	手口合一	手语手势与口语的结合较好	10		
	手势与表情结合	手语手势与表情、肢体动作的结合较好	15		
合计			100		

项目二　站厅服务手语

●项目描述

本项目主要介绍站厅工作人员向进站的聋哑乘客提供乘车指引、安全检查等服务时，需要掌握的日常手语和服务手语。

●学习目标

1. 掌握进站服务常用手语，包括乘车指引、安全检查手语等。
2. 能熟练运用手语提供简单的进站服务。
3. 培养强烈的责任感和服务意识、良好的沟通能力。

●建议学时

8学时。

任务一　乘车指引

情境导入

某日上午10时许，某地铁站站务员小陈看到楼梯口处有一名中年男乘客踌躇不前，立即上前询问。只见男乘客"啊，啊，啊"地说不出话，用手不停比划着。小陈立刻明白，这是一名聋哑乘客。如果你是一名车站工作人员，要如何向他提供帮助？

任务描述

请先学习"知识储备"中的典型手语服务场景，然后完成"任务实施"中的题目。

任务分组

姓　名	学　号	分　工	备注	学习计划
			组长	

知识储备

手语服务场景一：指引方向

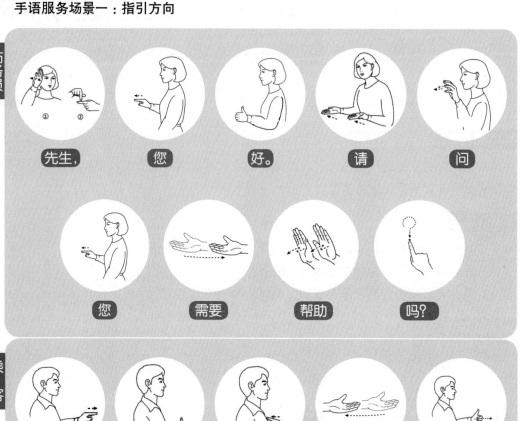

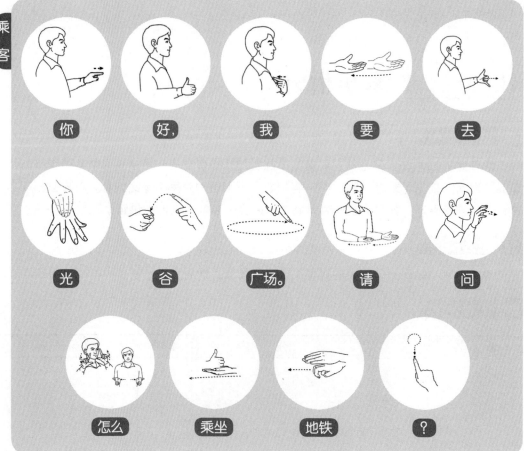

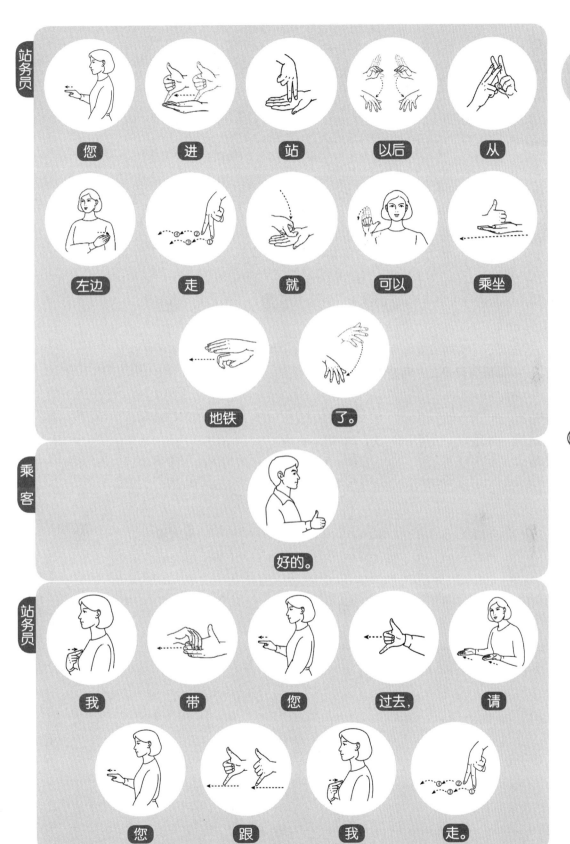

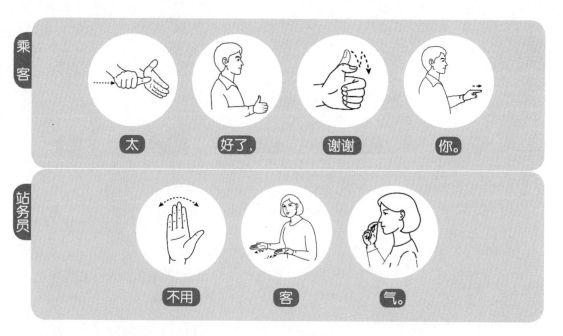

于是，小陈带领聋哑乘客去乘车。其间，乘客向小陈询问地铁线路。

手语服务场景二：回答线路问询

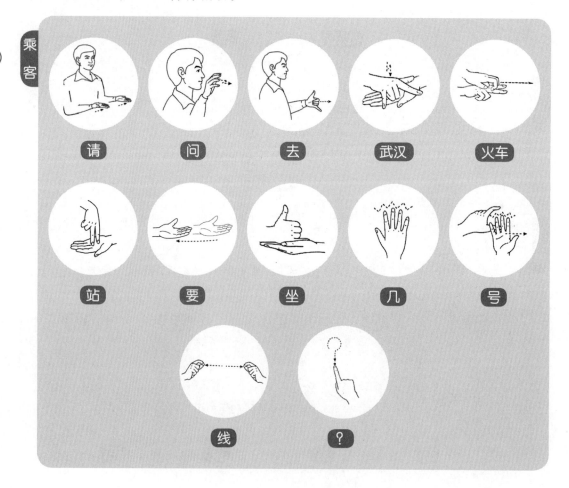

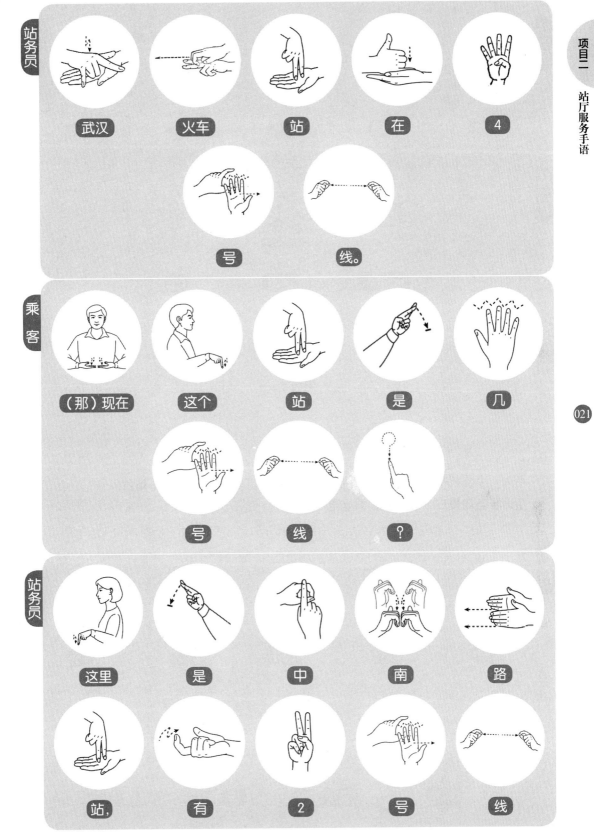

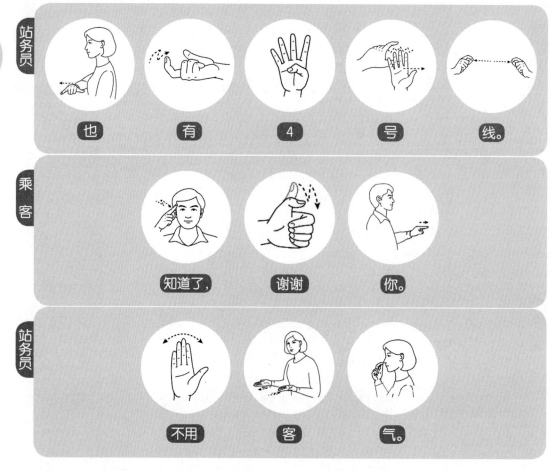

不久,小陈就带领聋哑乘客来到了站厅中央,准备乘坐电梯去往站台。

手语服务场景三:引导乘客乘坐电梯

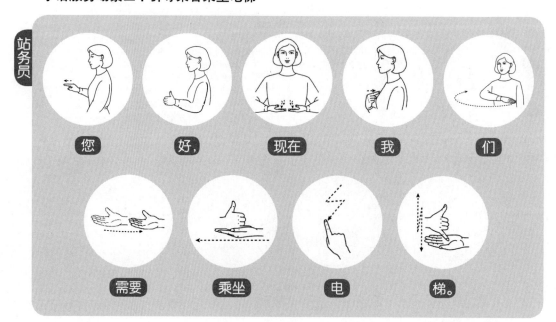

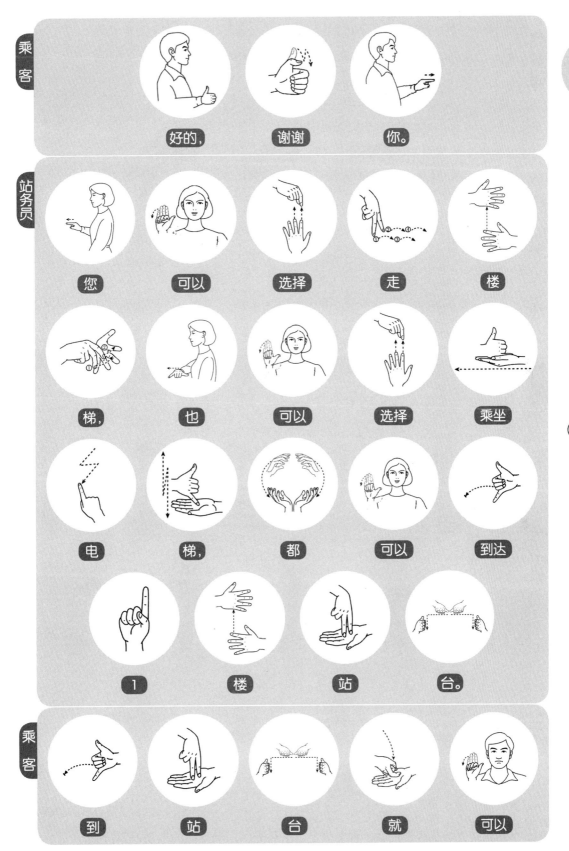

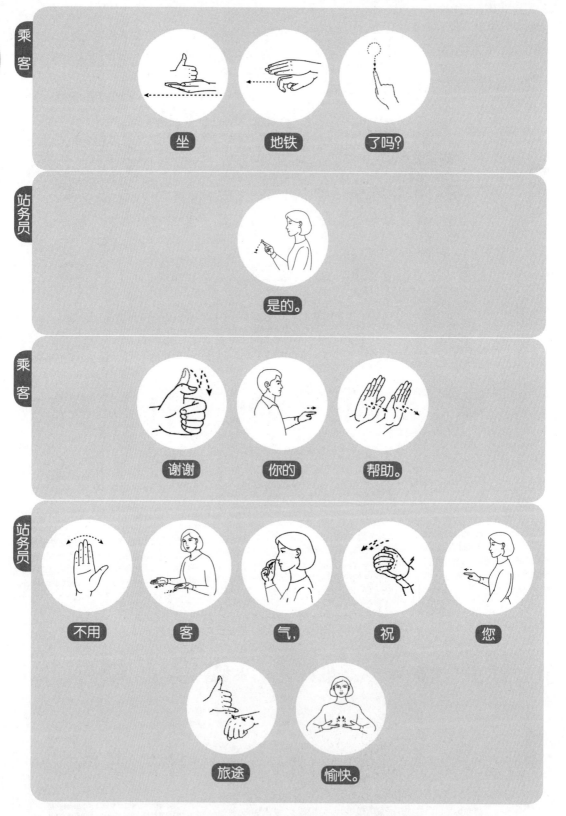

小陈在站台与乘客告别后,乘客坐上了去往光谷广场方向的地铁2号线列车。

▶ **任务实施**

1. 复习重点词汇和短语手势。

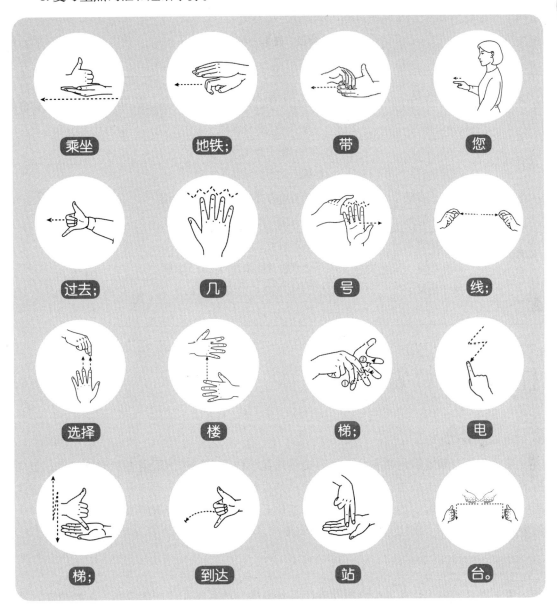

2. 以两人为一组,运用以上重点词汇和短语,编写一段乘车指引的对话,并用手语展示出来。

站务员:

乘客:

站务员:

乘客:谢谢。

站务员:不用客气,祝您旅途愉快。

任务考核与评价

根据任务完成情况及小组展示表现，完成本次学习任务的考核与评价。具体考核评价标准参考项目二任务一考核评价表（表2-1）。

表2-1　项目二任务一考核评价表

学号：　　　　　　　　班级：　　　　　　　　姓名：

考核能力	考核项目	考核内容	分值（分）	小组互评	教师评价
专业能力	手势准确性	重点词汇手势准确	20		
	手势标准性	对话展示的手势规范、标准	15		
	手势流畅性	对话展示的手势顺畅、流利	15		
	手语语法习惯	对话展示的手势符合聋哑乘客的用语习惯	10		
素养能力	团队合作能力	与同伴友爱互助、配合默契	10		
	创新发展能力	设计的对话合理、完整	10		
	服务意识	设计的对话体现对聋哑乘客的友爱、关怀	15		
	服务礼仪	对话展示体现良好的服务礼仪	5		
合计			100		

任务二　安全检查

情境导入

某日上午，某地铁站内有几位乘客提着大包小包直接绕过测温通道和安检设备，走向自动检票机（闸机）处准备进站，站务员小刘见状迎上去引导。沟通一番后，小刘发现这几位乘客是聋哑乘客。如果你是一名车站工作人员，要如何引导聋哑乘客走测温通道并进行安检？

任务描述

请先学习"知识储备"中的典型手语服务场景，然后完成"任务实施"中的题目。

任务分组

姓　名	学　号	分　工	备注	学习计划
			组长	

知识储备

手语服务场景一：提醒乘客佩戴口罩、测量体温

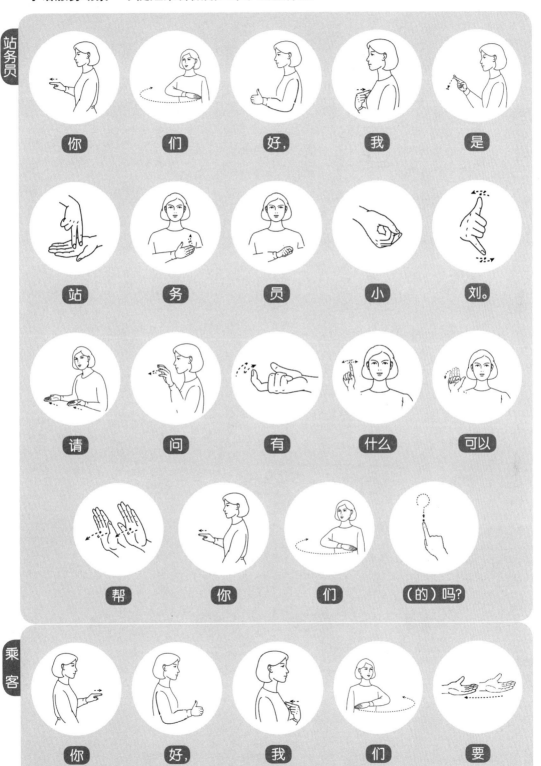

乘客: 去 乘坐 地铁。

站务员: 好的, 为了 您 和 他 人的 健康, 进 站 后 请 配戴 口罩, 从 测 温 通道 通 过。

乘客: 好的, 谢谢 提醒。

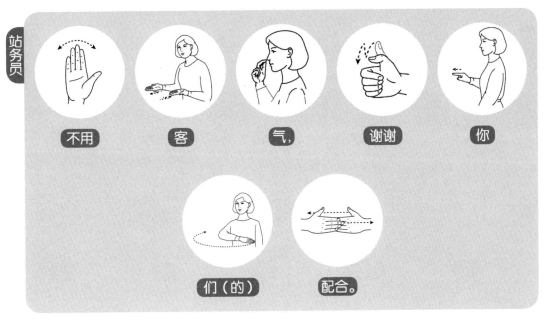

聋哑乘客佩戴好口罩后,准备进站乘车。这时,站务员小刘提醒他们,需要通过安检。

手语服务场景二:引导安检

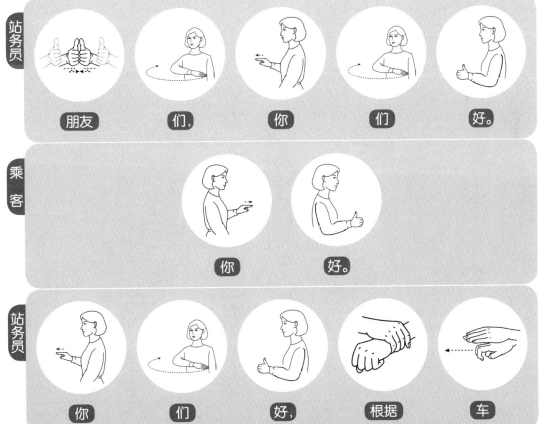

站务员

站 规 定, 进 站

前 需要 通 过 安

检。 谢谢 你 们（的） 理

解 与 配合。

乘客

好的。 请 问 在 哪里

安 检？

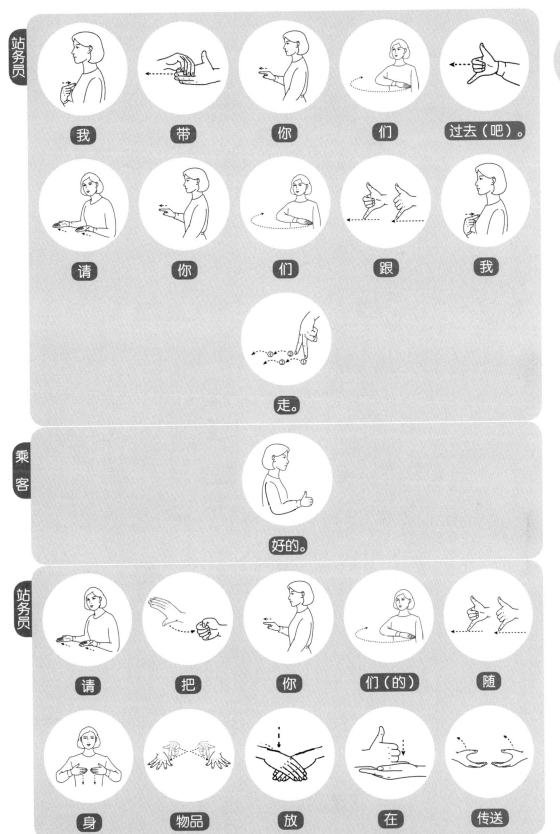

站务员: 带 上, 就 可以 通 过 安 检（了）。

乘客: 好的, 知道了。 谢谢 你。

站务员: 不用 客 气, 谢谢 你 们（的） 配合。

站务员小刘在旁边等待聋哑乘客通过安检。突然，安检机发出警报声。站务员小刘立即上前处理。

手语服务场景三：乘客携带易燃易爆物品事件处理

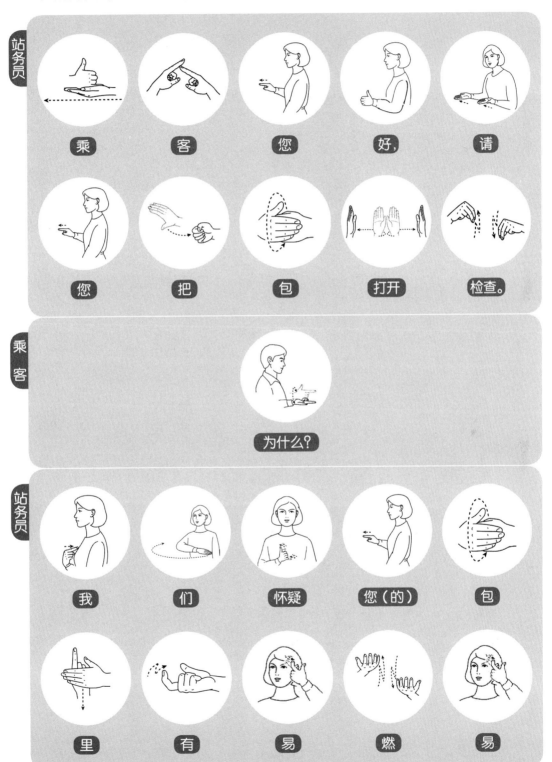

站务员: 爆 物品。

乘客: 没有。

站务员: 先生，按照规定，地铁禁止携带易燃易爆及危险物品进站乘车。您的

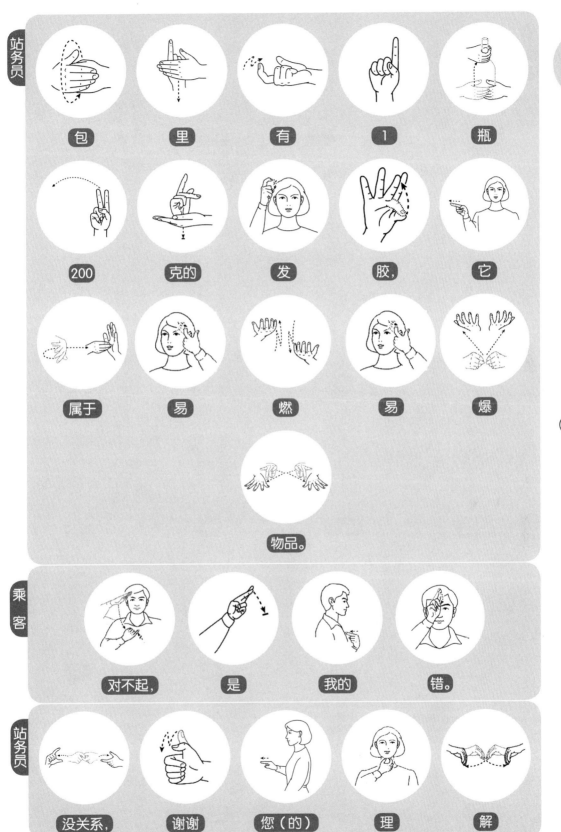

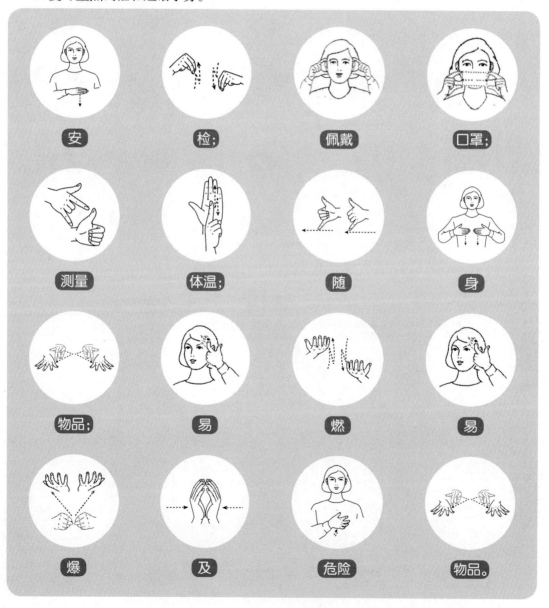

与 配合。

完成安检后,站务员小刘便带领这几位聋哑乘客进站乘车了。

任务实施

1. 复习重点词汇和短语手势。

安	检;	佩戴	口罩;
测量	体温;	随	身
物品;	易	燃	易
爆	及	危险	物品。

2. 以两人为一组，运用以上重点词汇和短语，编写一段引导乘客进行安检的对话，并用手语展示出来。

站务员：

乘客：

站务员：

乘客：谢谢。

站务员：不用客气，感谢您的配合。

任务考核与评价

根据任务完成情况及小组展示表现，完成本次学习任务的检查与评价。具体考核评价标准参照项目二任务二考核表（表2-2）。

表2-2 项目二任务二考核评价表

学号：　　　　　　班级：　　　　　　姓名：

考核能力	考核项目	考核内容	分值（分）	小组互评	教师评价
专业能力	手势准确性	重点词汇手势准确	20		
	手势标准性	对话展示的手势规范、标准	15		
	手势流畅性	对话展示的手势顺畅、流利	15		
	手语语法习惯	对话展示的手势符合聋哑乘客的用语习惯	10		
素养能力	团队合作能力	与同伴友爱互助、配合默契	10		
	创新发展能力	设计的对话合理、完整	10		
	地铁服务意识	设计的对话体现对聋哑乘客的友爱、关怀	15		
	地铁服务礼仪	对话展示体现良好的服务礼仪	5		
		合计	100		

任务三　进站服务

情境导入

某日下午3时许，某地铁站闸机处，有一位老年女乘客手中正拿着车票不知所措。站务员小陈见状立即上前询问。原来阿姨是一名聋哑乘客，因家人有事不能陪同，她第一次一个人出来乘坐地铁。小陈便使用手语跟阿姨交流起来，并引导她通过闸机。如果你是一名车站工作人员，要如何引导聋哑乘客通过闸机？

任务描述

请先学习"知识储备"中的典型手语服务场景，然后完成"任务实施"中的题目。

知识储备

手语服务场景一：指引乘客通过闸机

| 乘客 | 坐 地铁？ |

| 站务员 | 您 把 票 放 在 闸机的 黄色 区 域， 就 可以 通 过了。 |

| 乘客 | 好的， 知道了。 |

| 站务员 | 请 您 保 管 好 |

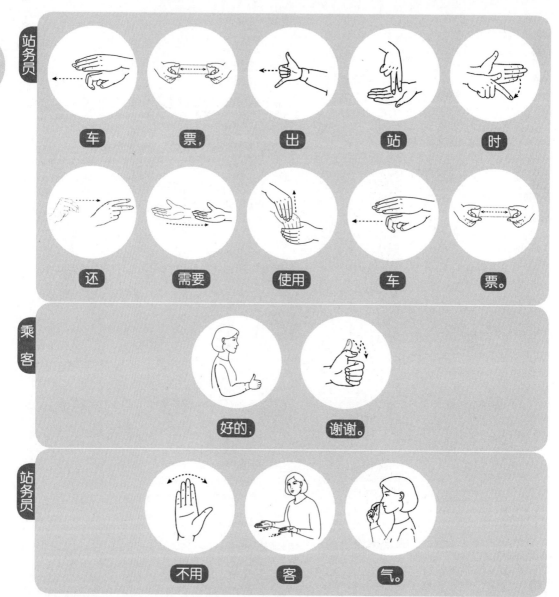

在小陈的指导下，乘客阿姨顺利进入车站付费区。阿姨说，车票比较小，很容易弄丢，如果不需要车票就好了。站务员小陈介绍，车站还能使用手机扫码进站，可以不需要车票。阿姨很感兴趣，连忙问小陈如何使用。

手语服务场景二：指导乘客使用手机扫码通过闸机

项目二 站厅服务手语

乘客: 车 票, 能 用 其他 方 法 通 过 闸机（吗）？

站务员: 阿 姨 您 好, 还 可以 使用 手机 扫描 二维 码 通 过 闸机。

乘客: （那）要 怎 么 操 作？

站务员： 请 您 打开 手机 支付宝 里的 地铁 乘车 码，对准 闸机（的）（扫码处）扫描 就 可以 通 过 闸机（了）。

乘客： 真 方便，可以 节省 时间，也 不用 担心 车 票

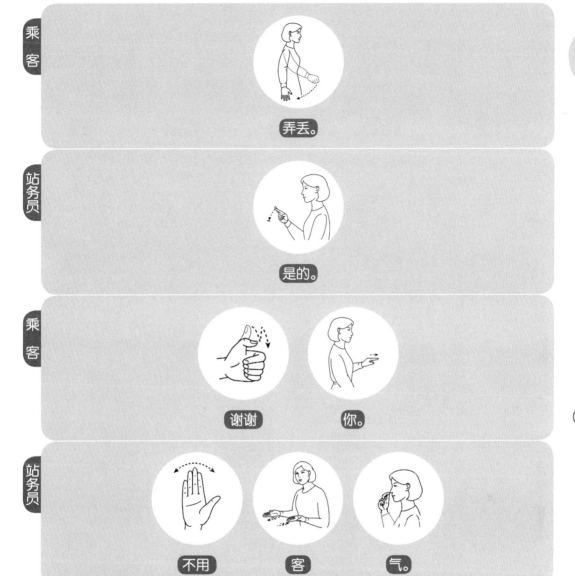

手语服务场景三：引导携带大件行李的乘客通过闸机

小陈陪同阿姨通过闸机，向站台走去。突然，阿姨看到有带小孩和携带大件行李的乘客，又转过身问小陈："通过闸机时，我感觉比较窄，如果带着小孩、推了婴儿车或者携带大件行李的乘客从闸机通过时会不会过不去？"小陈于是又与阿姨交流起来。

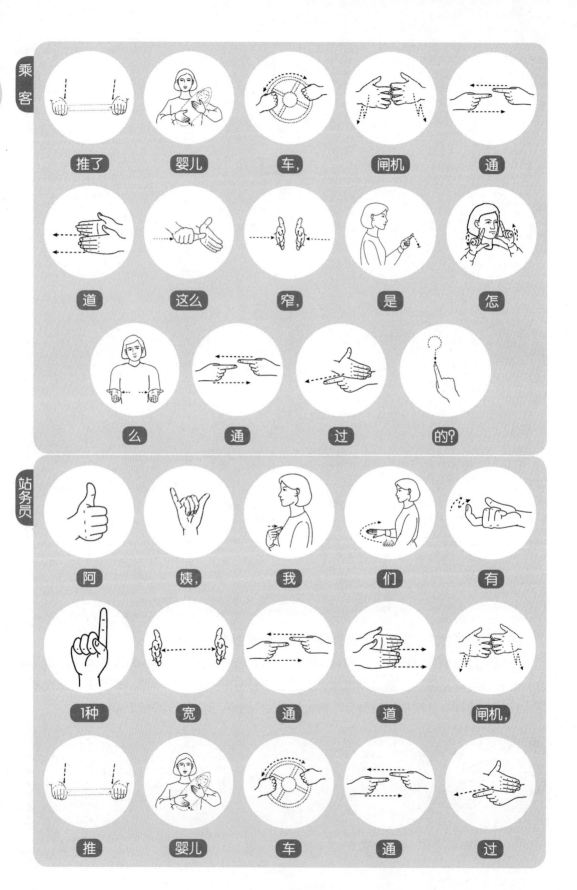

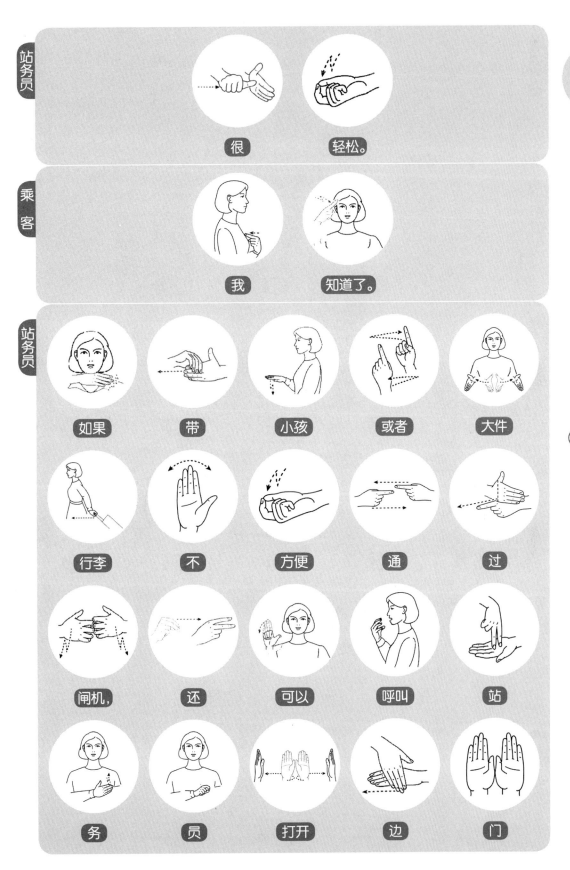

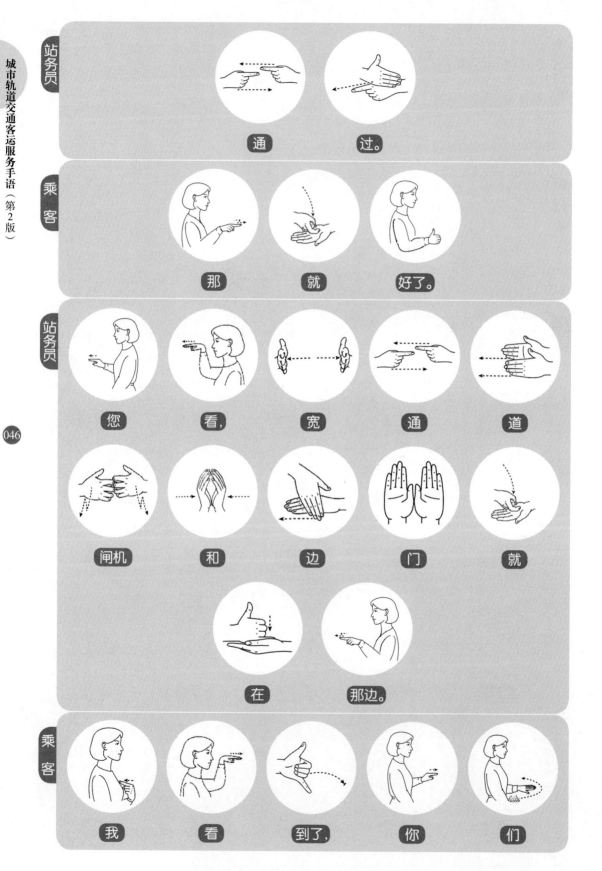

说完,小陈陪着阿姨来到了站台。不一会儿,在小陈的帮助下,阿姨顺利坐上了地铁。临走时,阿姨感谢小陈一路上细心指引,耐心解答疑惑,还表扬她是一名优秀的站务员。

● 任务实施

1. 复习重点词汇和短语手势。

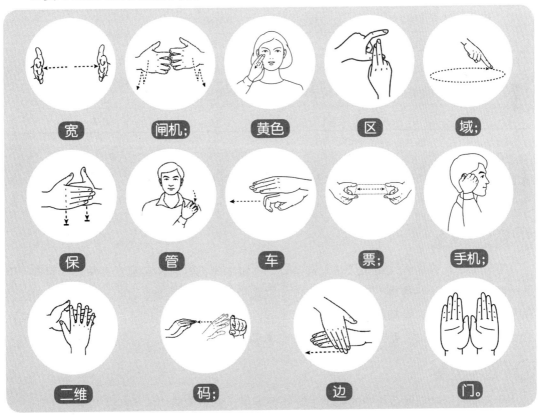

2. 以两人为一小组，运用以上重点词汇和短语，编写一段引导乘客进站的对话，并用手语展示出来。

站务员：

乘客：

站务员：

乘客：谢谢。

站务员：不用客气，感谢您的配合。

任务考核与评价

根据任务完成情况及小组展示表现，完成本次学习任务的考核与评价。具体考核评价标准参照项目二任务三考核评价表（表2-3）。

表2-3 项目二任务三考核评价表

学号：　　　　　　班级：　　　　　　姓名：

考核能力	考核项目	考核内容	分值（分）	小组互评	教师评价
专业能力	手势准确性	重点词汇手势准确	20		
	手势标准性	对话展示的手势规范、标准	15		
	手势流畅性	对话展示的手势顺畅、流利	15		
	手语语法习惯	对话展示的手势符合聋哑乘客的用语习惯	10		
素养能力	团队合作能力	与同伴友爱互助、配合默契	10		
	创新发展能力	设计的对话合理、完整	10		
	地铁服务意识	设计的对话体现对聋哑乘客的友爱、关怀	15		
	地铁服务礼仪	对话展示体现良好的服务礼仪	5		
		合计	100		

任务四　其他轨道交通站厅服务

情境导入

某日上午，铁路客运站武汉站东进站口，一位中年男性急匆匆跑到工作人员面前，用手不停地比画着。站务员小刘明白，这是一位聋哑乘客。经过简单沟通，小刘了解到这名聋哑乘客准备去北京参加演出，临近上车时间，却发现身份证不见了，非常着急。如果你是一名车站工作人员，要如何帮助这名聋哑乘客呢？

任务描述

请先学习"知识储备"中的典型手语服务场景，然后完成"任务实施"中的题目。

任务分组

姓　名	学　号	分　工	备注	学习计划
			组长	

知识储备

手语服务场景一：指导乘客补办临时身份证

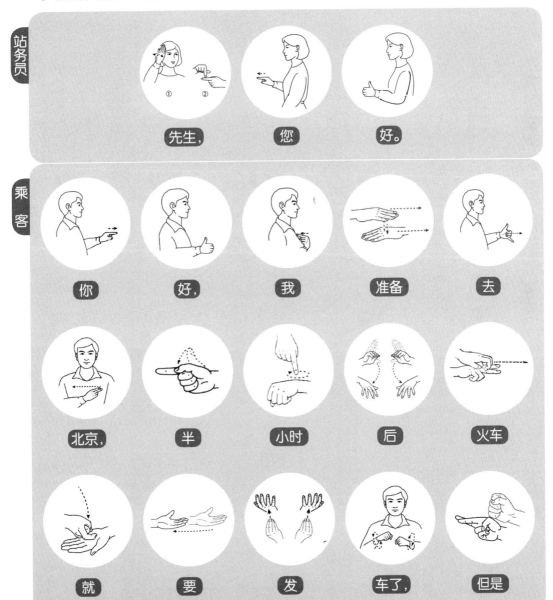

站务员：先生，您好。

乘客：你好，我准备去北京，半小时后火车就要发车了，但是

乘客：我的 身份证 找 不 到了，怎 么 办？

站务员：请 您 不要 着急， 您 身 上 都 找 过了 吗？

乘客：找 过了，（都）没有找到。

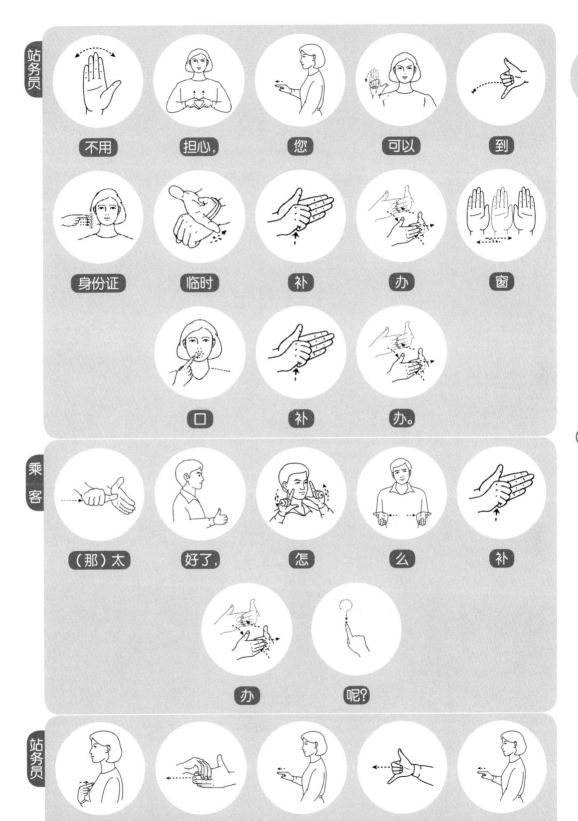

站务员：跟 我 来。

乘客：好的， 谢谢 你。

站务员：不用 客 气， 请 您 提供 身份证 号码 和 车票 信息， 工作 人员 会 帮助 您的。

乘客

在小刘的帮助下，聋哑乘客拿到了临时身份证。这时，小刘又带领他来到进站口的车票打印处，引导乘客使用身份证打印车票。

手语服务场景二：引导乘客打印车票

站务员

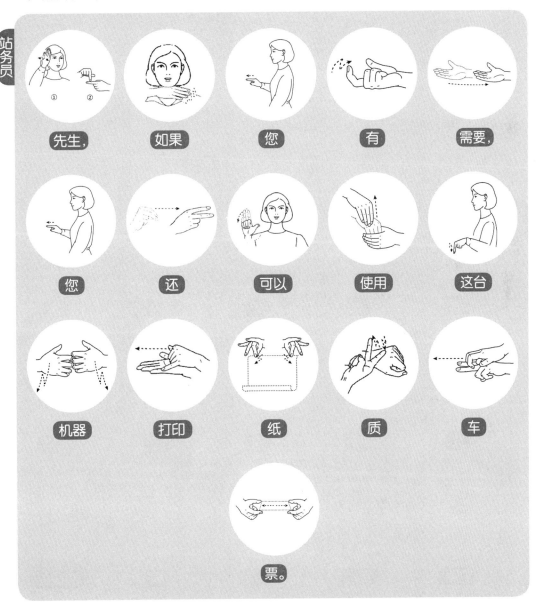

乘客

是的， 我 需要 纸 质 车票， 怎 么 操 作 呢？

站务员

请 您 把 身份证 放 在 感 应 区， 按照 机器 提示 选择 要 打印的站务员: 车 票 就 可以了。

乘客: 真 方便（啊）。

站务员: 是的。

乘客: 谢谢 你。

站务员: 不用 客 气。 祝 您 旅途 愉快。

项目二 站厅服务手语

手语服务场景三：指引乘客进入候车厅

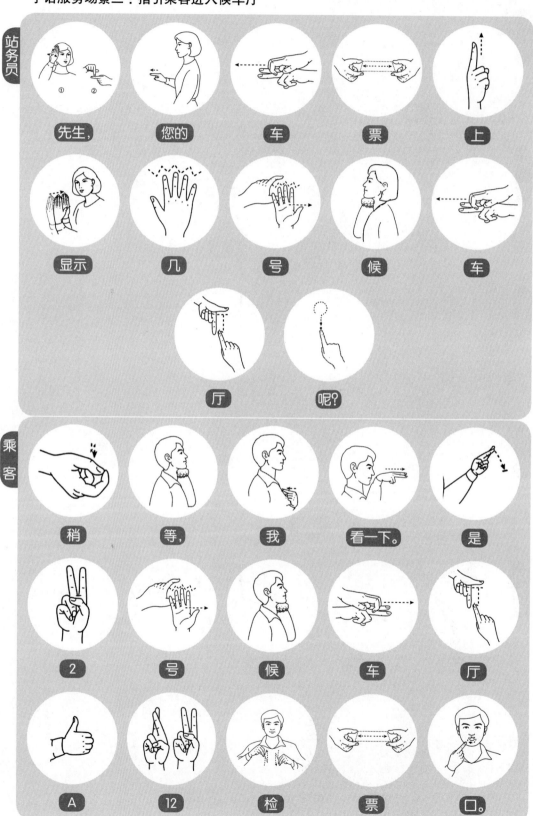

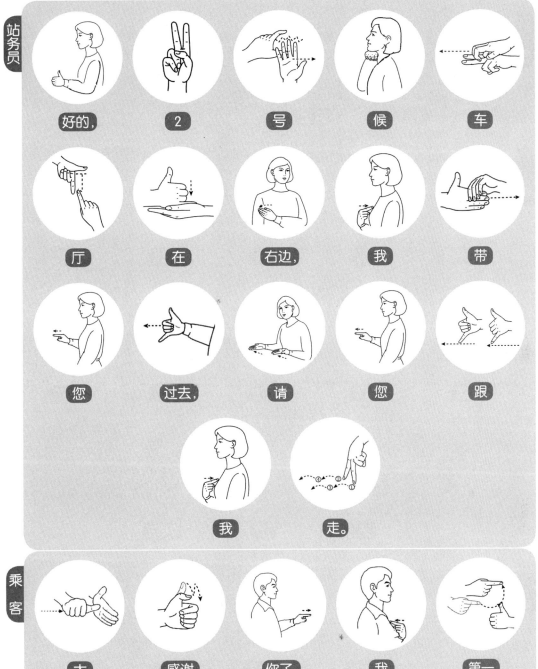

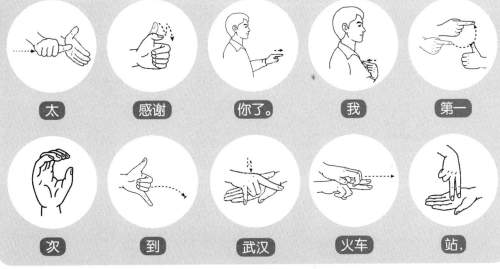

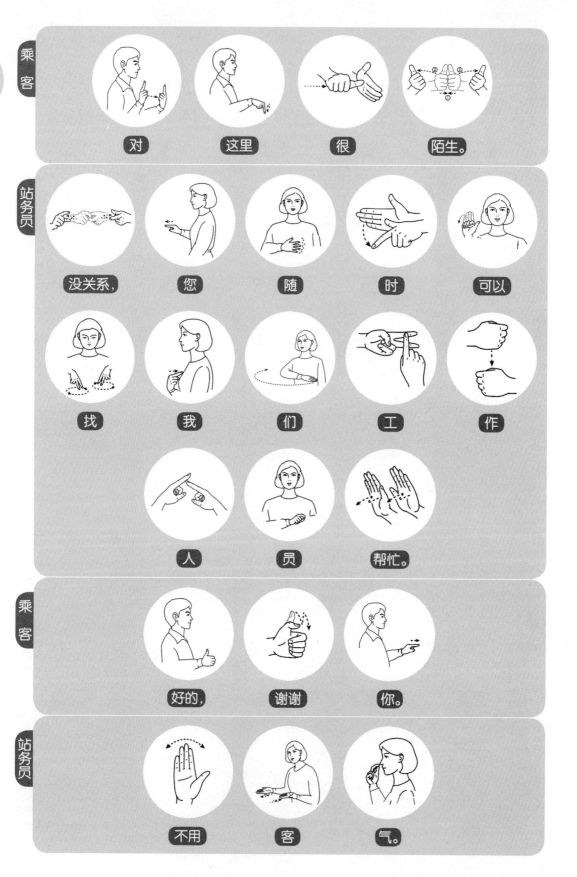

手语服务场景四：为乘客指引卫生间方向

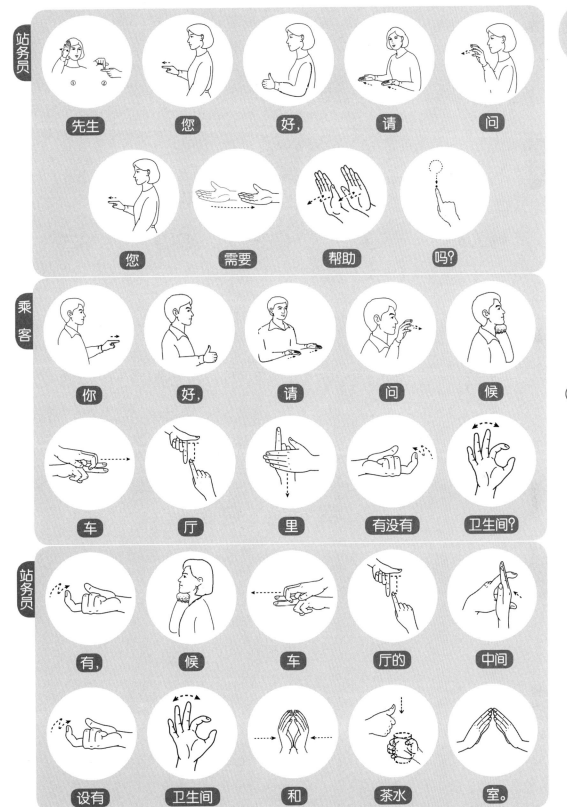

乘客: 一直 往 前 走, 对吗?

站务员: 是的, 您 可以 根据 车 站的 卫生间 指示 标志 找 到 位置。

乘客: 知道了, 谢谢 你。

站务员: 不用 客 气。

▶ **任务实施**

1. 复习重点词汇和短语手势。

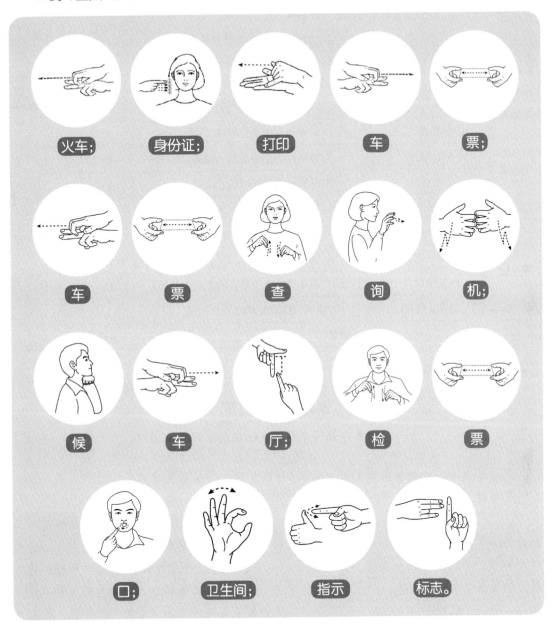

2. 以两人为一小组,运用以上重点词汇和短语,编写一段引导乘客进站的对话,并用手语展示出来。

车站工作人员:

乘客:

车站工作人员:

乘客:谢谢。

车站工作人员:不用客气,感谢您的配合。

任务考核与评价

根据任务完成情况及小组展示表现,完成本次学习任务的考核与评价。具体考核评价标准参照项目二任务四考核评价表(表2-4)。

表2-4 项目二任务四考核评价表

学号:　　　　　　　　班级:　　　　　　　　姓名:

考核能力	考核项目	考核内容	分值(分)	小组互评	教师评价
专业能力	手势准确性	重点词汇手势准确	20		
	手势标准性	对话展示的手势规范、标准	15		
	手势流畅性	对话展示的手势顺畅、流利	15		
	手语语法习惯	对话展示的手势符合聋哑乘客的用语习惯	10		
素养能力	团队合作能力	与同伴友爱互助、配合默契	10		
	创新发展能力	设计的对话合理、完整	10		
	服务意识	设计的对话体现对聋哑乘客的友爱、关怀	15		
	服务礼仪	对话展示体现良好的服务礼仪	5		
		合计	100		

素养小课堂

安静中爱的力量

——手语服务让城市轨道交通运营管理饱含温度

武汉地铁有一座聋哑乘客友好车站。4号线楚河汉街站票务值班员小程和她的小伙伴们一直坚持学习手语的使用,这一份爱的坚持只为服务好每一位有需要的乘客。

2019年,小程从武汉铁路技师学院毕业,踏上工作岗位,成为武汉地铁4号线楚河汉街站的一名票务值班员。在一次偶然的站台引导工作中,她遇到了一位特别的乘客。这是一名与自己年纪相仿的女乘客,女孩用手比划着,焦急地寻求帮助。此时的小程一脸茫然,但她很快拿来了纸笔,与女孩通过写字进行沟通,总算使得这次问询帮助顺利完成。自那以后,小程就下定决心要学习手语,以更好更快地服务这些"安静"的乘客。她利用休息时间在网上学习,购买书籍,并自费参加手语培训课程,逐渐具备了可以无障碍与聋哑人进行简单手语交流的能力。

2021年某日,一位乘客在购票机附近着急地四处张望,小程立马上前提供帮助。当乘客对她用手不停比划时,她便知道,这是一位聋哑乘客。小程用手语询问后得知,乘客当天忘记带"爱心卡",想要乘地铁却不知道如何购票。小程很快帮他在自动售票机处购买了一张单程票,并引导他进站乘车。道别时,乘客不停地竖起大拇指,向小程表达感谢。

在小程看来，尽管自己碰到需要使用手语情况的概率并不高，但她的内心仍然保有自己的坚持。目前，作为武汉地铁的一名手语培训师，她坚持主动思考如何满足乘客多元化的出行需求，积极拓展和延伸服务边界。

摘编自网易新闻（2021年3月21日）

< 想一想 >

假设你是一名地铁客运服务人员，如果你遇到和小程一样的情况，你会不会选择学习手语帮助更多的乘客？具体你会怎样做？

项目三　票务服务手语

● **项目描述**

本项目主要介绍当车站客运服务人员向聋哑乘客提供购票指引、乘车卡办理/充值等客运服务时，需要掌握的日常手语和服务手语。

● **学习目标**

1. 掌握票务服务常用手语，包括购票与充值指引、乘车卡办理/充值、其他票务事务处理手语等。
2. 能熟练运用手语提供简单的票务服务。
3. 培养强烈的责任感和服务意识、良好的沟通能力。

● **建议学时**

6学时。

购票与充值指引

● **情境导入**

某日上午10时许，某地铁站工作人员小陈看到一名中年男乘客手里拿着一张10元纸币，满面愁容地站在站厅A端自动售票机（TVM）旁，小陈立即上前询问。只见男乘客"啊，啊，啊"地说不出话，用手不停比划着。小陈立刻明白，这是一名聋哑乘客。如果你是一名车站工作人员，要如何向聋哑乘客提供帮助？

● **任务描述**

请先学习"知识储备"中的典型手语服务场景，然后完成"任务实施"中的题目。

● **任务分组**

姓　名	学　号	分　工	备注	学　习　计　划
			组长	

知识储备

手语服务场景一：引导乘客使用 TVM

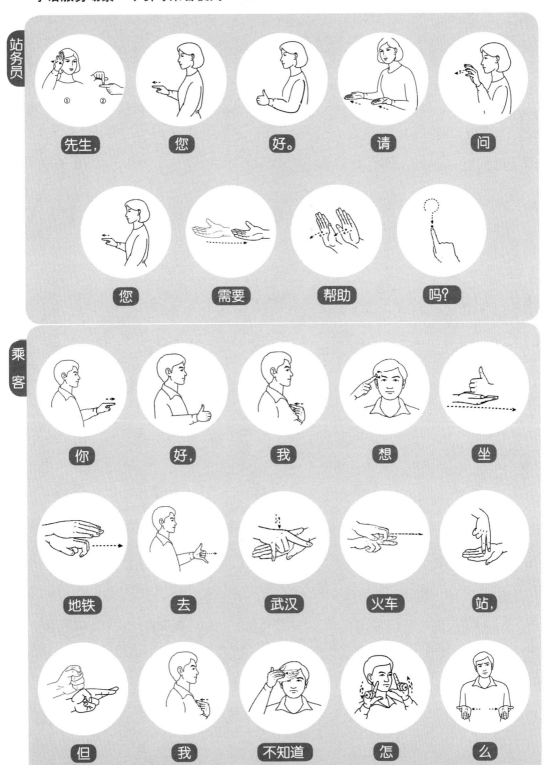

乘客：使用 这台 机器 买 票。

站务员：先生, 您 不用 担心。 我 来 教 您 使用 自 动 售 票 机。 您 先 在 机器 上 选择 您的 目的 地 武汉 火车

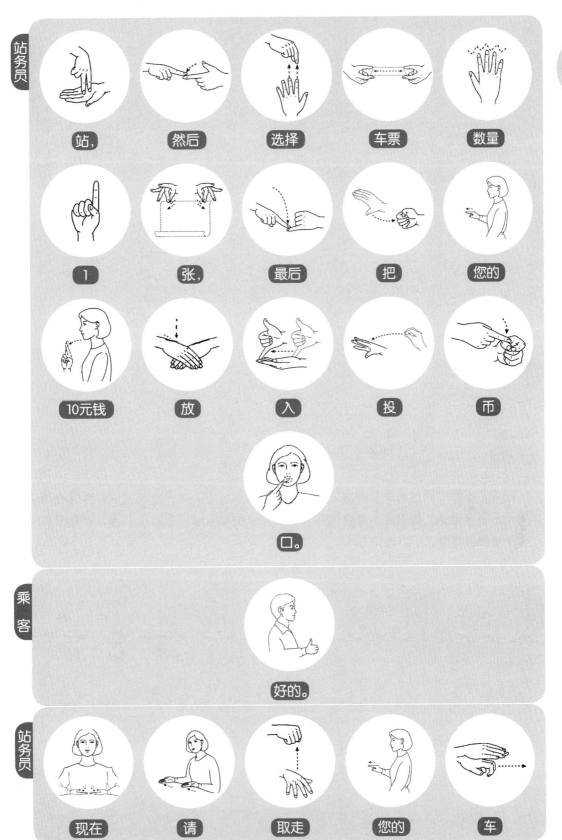

站务员：票 和 零 钱。

乘客：成功了，非常 感谢。

站务员：不用 客 气。

接着，小陈带领这名聋哑乘客进站乘车。经过客服中心时，小陈向这位乘客介绍说，如果经常乘坐地铁，使用乘车卡会更加方便快捷。乘客了解后表示想办理一张乘车卡。

手语服务场景二：办理乘车卡

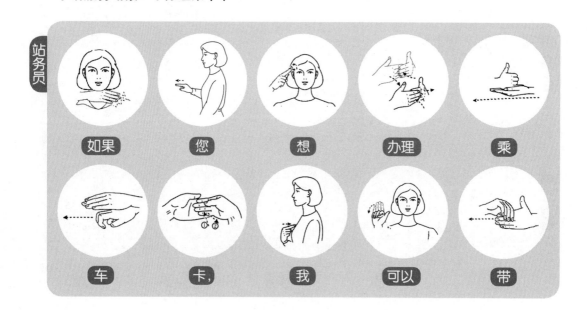

站务员：如果 您 想 办理 乘 车 卡， 我 可以 带

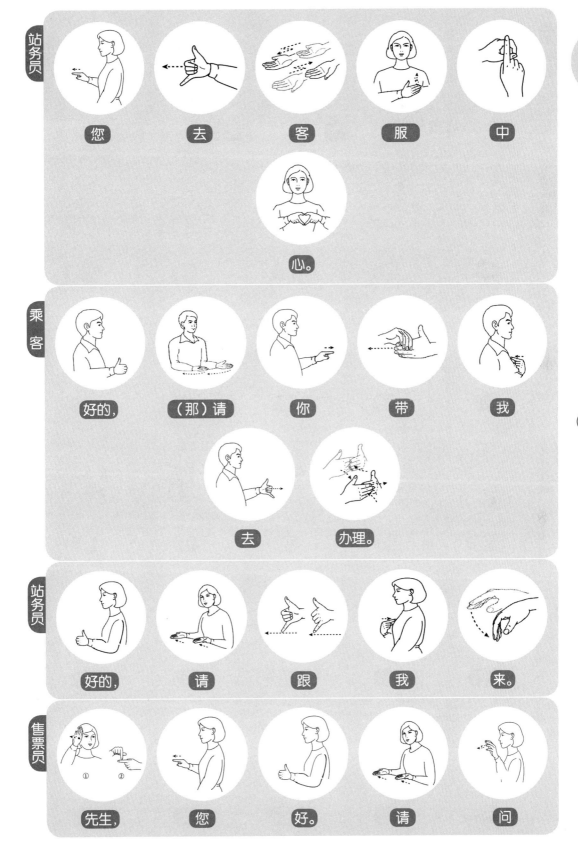

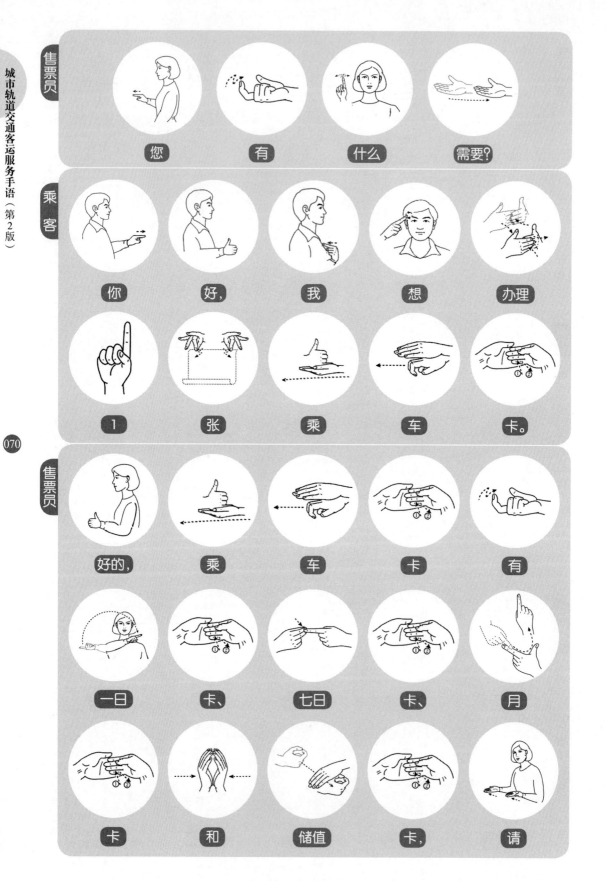

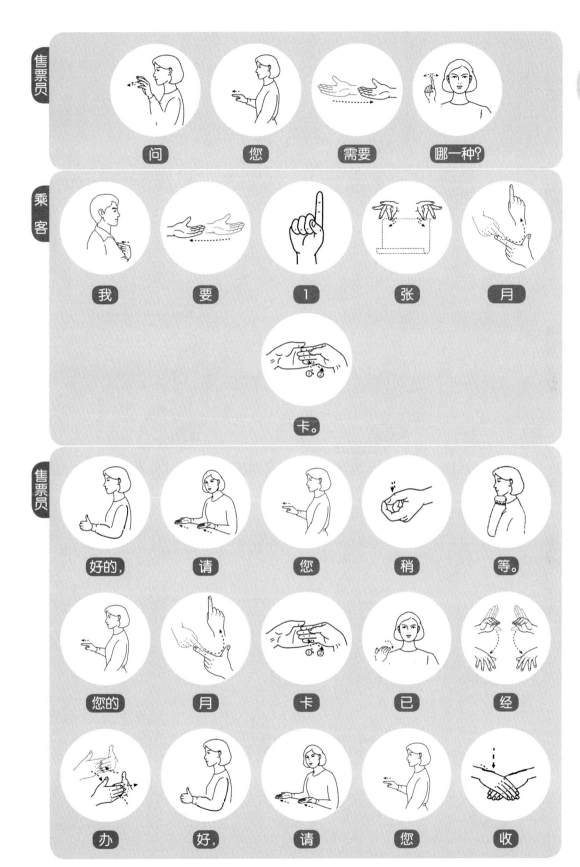

| 售票员 | 好。 |

| 乘客 | 谢谢 你。 |

| 售票员 | 不用 客 气。 |

乘车卡办好后，聋哑乘客又询问小陈乘车卡如何充值。小陈向男乘客耐心地解释起来。

手语服务场景三：介绍储值卡充值业务

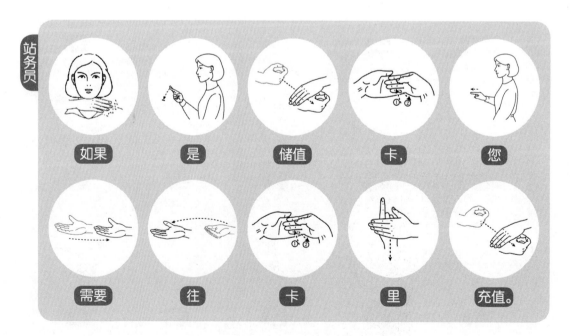

乘客: 怎 么 充值 呢?

站务员: 您 可以 到 客 服 中 心 办理 储值卡 充值。每次 充值 金额 最 少 10元。

乘客: 充值 后 就 可以 使用

城市轨道交通客运服务手语（第2版）

乘客：它 坐 地铁 （了）吗？

站务员：是的，您 把 储值 卡 放 在 闸机的 感 应 区 内 刷一下，就 可以 进 站 乘 车了。

乘客：明白了，谢谢 你。

站务员

说着，小陈与男乘客来到了站台，男乘客坐上了去往武汉火车站方向的地铁4号线列车。

任务实施

1. 复习重点词汇和短语手势。

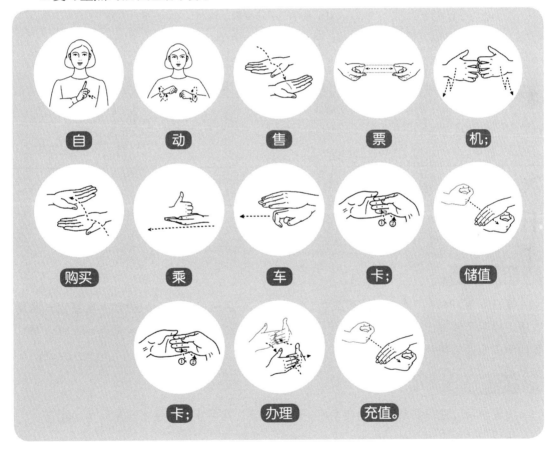

2. 以两人为一小组，运用以上重点词汇和短语，编写一段引导乘客购票或充值的对话，并用手语展示出来。

站务员：

乘客：

站务员：

乘客：谢谢。

站务员：不用客气，祝您旅途愉快。

任务考核与评价

根据任务完成情况及小组展示表现，完成本次学习任务的考核与评价。具体考核评价标准参考项目三任务一考核评价表（表3-1）。

表3-1 项目三任务一考核评价表

学号：　　　　　　班级：　　　　　　姓名：

考核能力	考核项目	考核内容	分值（分）	小组互评	教师评价
专业能力	手势准确性	重点词汇手势准确	20		
	手势标准性	对话展示的手势规范、标准	15		
	手势流畅性	对话展示的手势顺畅、流利	15		
	手语语法习惯	对话展示的手势符合聋哑乘客的用语习惯	10		
素养能力	团队合作能力	与同伴友爱互助、配合默契	10		
	创新发展能力	设计的对话合理、完整	10		
	地铁服务意识	设计的对话体现对聋哑乘客的友爱、关怀	15		
	地铁服务礼仪	对话展示体现良好的服务礼仪	5		
		合计	100		

任务二　其他票务服务

情境导入

某日下午2时许，某地铁站客服中心窗口来了一名聋哑乘客。只见他手里拿着一张地铁票，用手不停地比画着，嘴里"啊，啊，啊"地表达着。如果你是一名车站工作人员，要如何向他提供帮助？

任务描述

请先学习"知识储备"中的典型手语服务场景，然后完成"任务实施"中的题目。

任务分组

姓　名	学　号	分　工	备注	学 习 计 划
			组长	

知识储备

手语服务场景一：引导乘客退票

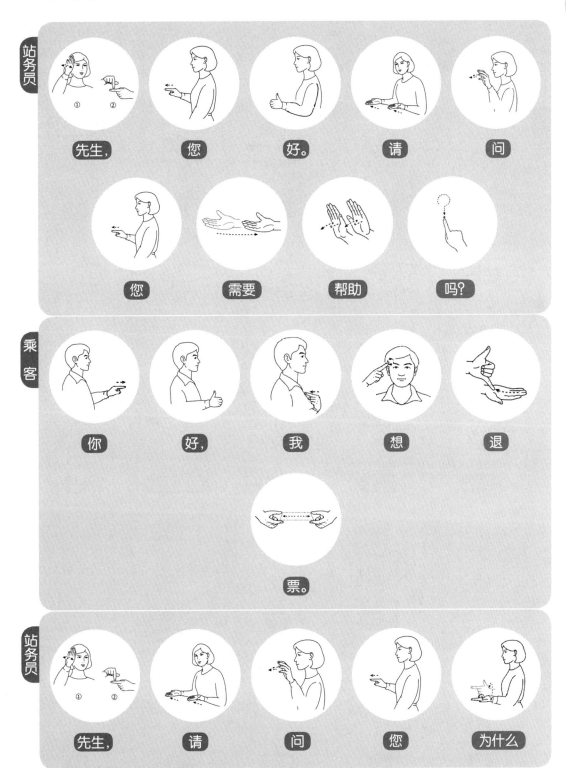

站务员： 要 退 票 呢？

乘客： 我 刚才 买了 1 张 票 准备 坐 地铁 去 武汉 火车 站, 但（是） 我 现在 不 去了。

站务员： 请 把 您的 车 票

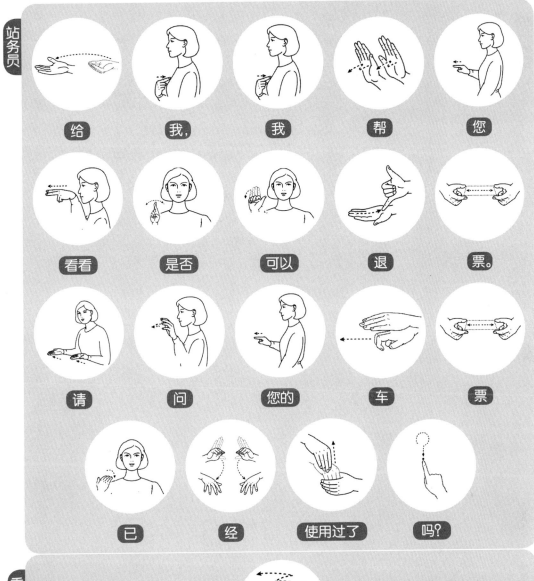

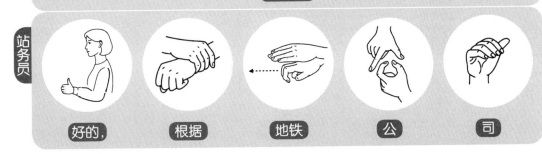

站务员

规 定， 当日 购买 且 还未 使用的 车 票 可以 办理 退 票。 请 您 稍 等。

乘客

好的， 谢谢 你。

站务员

不用 客 气。

聋哑乘客办理完退票业务后表示，有一次乘坐地铁时，在车站里弄丢了车票，但是工作人员都不懂手语，他好半天才出站。于是，聋哑乘客向站务员咨询，当乘客发生车票丢失的情况时，地铁公司是如何处理的。

手语服务场景二：乘客车票遗失无法出站

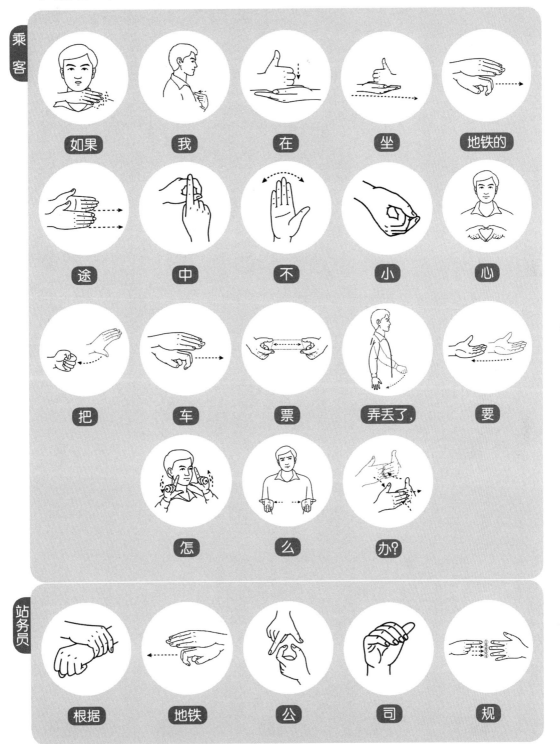

站务员：定，如果车票遗失，可以到客服中心补交车费，重新办理1张出站车票。

乘客：但是我已经买过

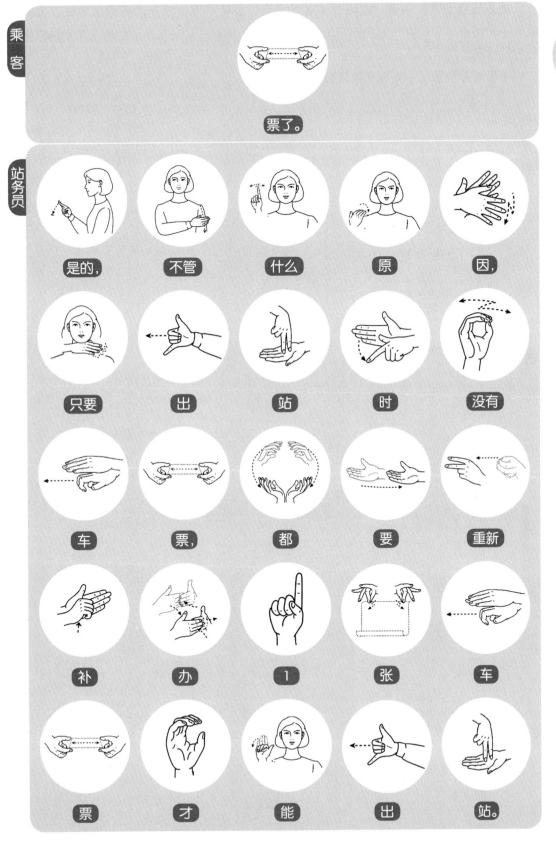

站务员陪同聋哑乘客一起离开了客服中心，聋哑乘客表示不需要乘坐地铁，准备出站。于是站务员和乘客一起向出口走去。其间，聋哑乘客又向站务员咨询了关于地铁车票超程的情况。

手语服务场景三：乘客车票超乘无法出站

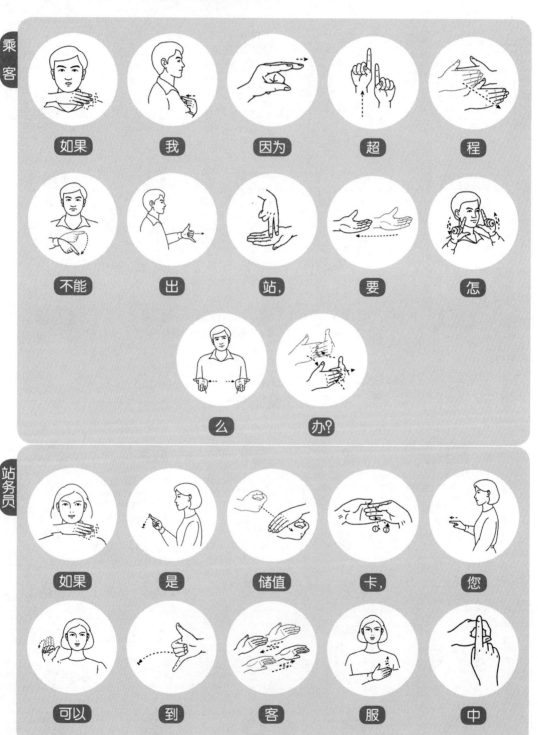

项目三 票务服务手语

站务员： 心 办理 充值, 出 站 时 闸机 自 动 扣 费, 就 能 出 站了。

乘客： 如果 是 单 程 票 呢?

站务员： 如果 是 单 程 票,

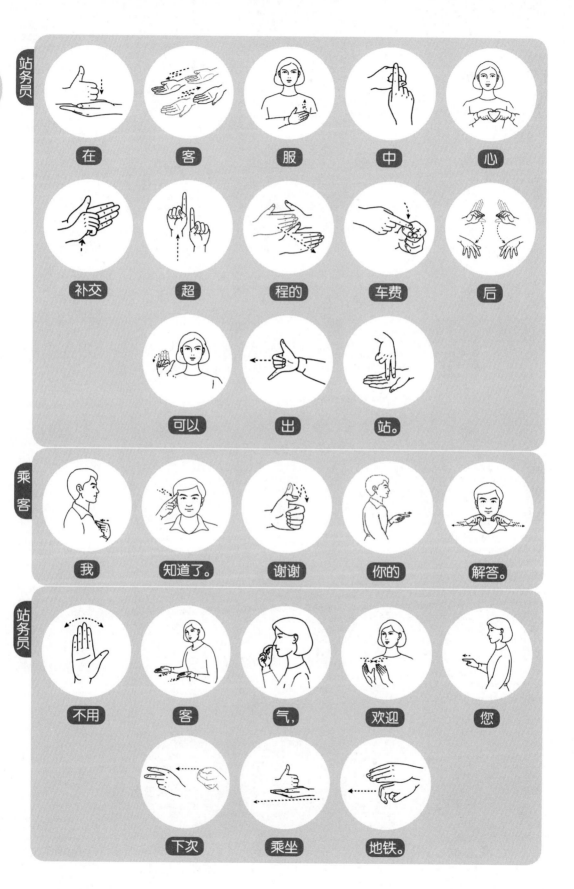

说完，两人一起走到了出入口，站务员挥手与聋哑乘客道别。

任务实施

1. 复习重点词汇和短语手势。

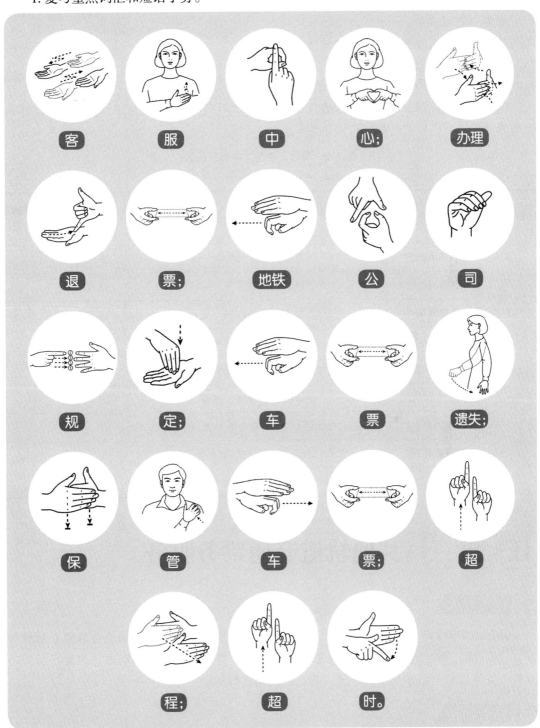

2. 以两人为一小组，运用以上重点词汇和短语，编写一段引导乘客退票的对话，并用

手语展示出来。

站务员：

乘客：

站务员：

乘客：谢谢。

站务员：不用客气，祝您旅途愉快。

任务考核与评价

根据任务完成情况及小组展示表现，完成本次学习任务的考核与评价。具体考核评价标准参考项目三任务二考核评价表（表3-2）。

表 3-2　项目三任务二考核评价表

学号：　　　　　　　班级：　　　　　　　姓名：

考核能力	考核项目	考核内容	分值（分）	小组互评	教师评价
专业能力	手势准确性	重点词汇手势准确	20		
	手势标准性	对话展示的手势规范、标准	15		
	手势流畅性	对话展示的手势顺畅、流利	15		
	手语语法习惯	对话展示的手势符合聋哑乘客的用语习惯	10		
素养能力	团队合作能力	与同伴友爱互助、配合默契	10		
	创新发展能力	设计的对话合理、完整	10		
	服务意识	设计的对话体现对聋哑乘客的友爱、关怀	15		
	服务礼仪	对话展示体现良好的服务礼仪	5		
		合计	100		

任务三　其他轨道交通票务服务

情境导入

某日上午8时许，某地火车站内，一名乘客来到售票窗口。只见该乘客拿着一张身份证，"啊，啊，啊"地说着什么，用手不停比划着。售票员小李立刻明白，这是一名聋哑乘客。如果你是一名车站工作人员，要如何向他提供帮助？

任务描述

请先学习"知识储备"中的典型手语服务场景，然后完成"任务实施"中的题目。

📝 任务分组

姓　名	学　号	分　　工	备注	学 习 计 划
			组长	

📖 知识储备

手语服务场景一：引导乘客购买火车票

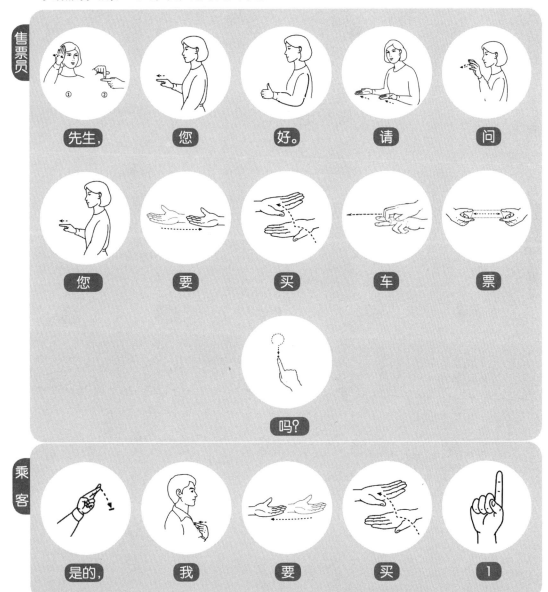

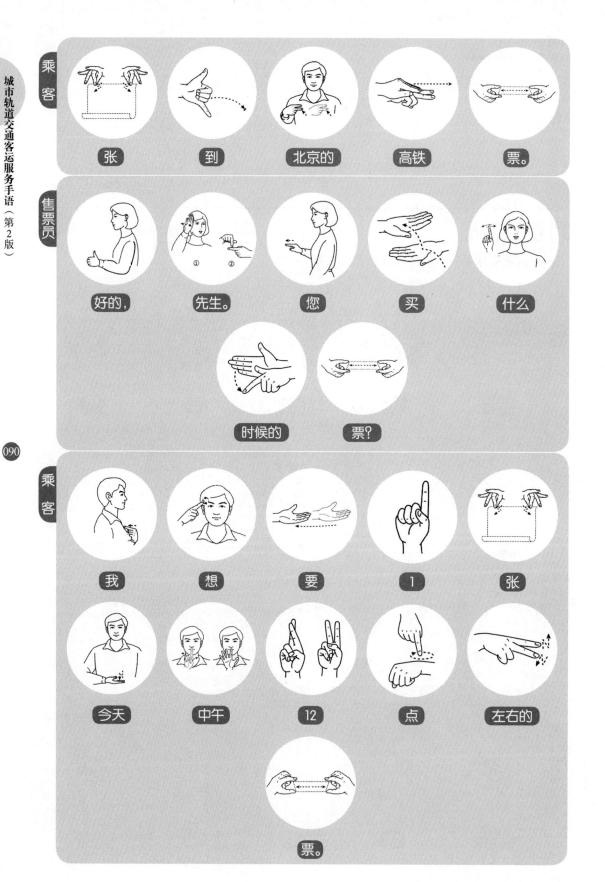

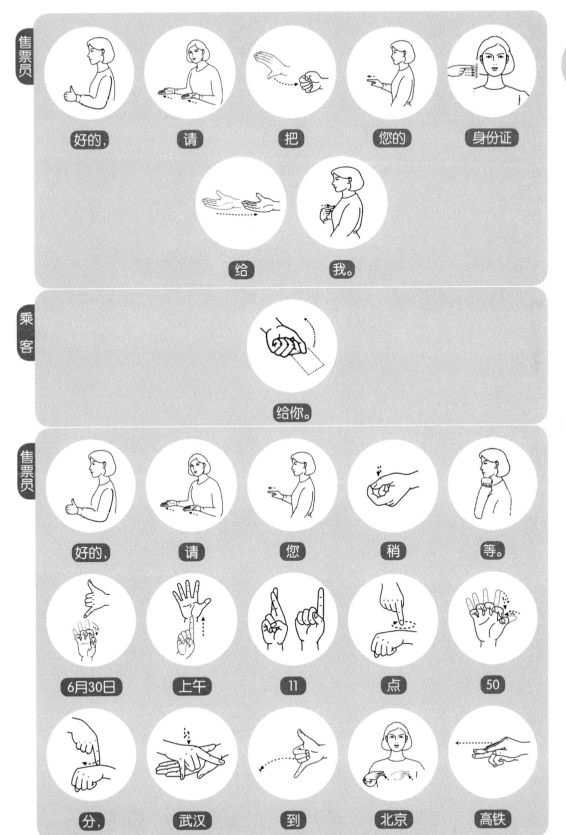

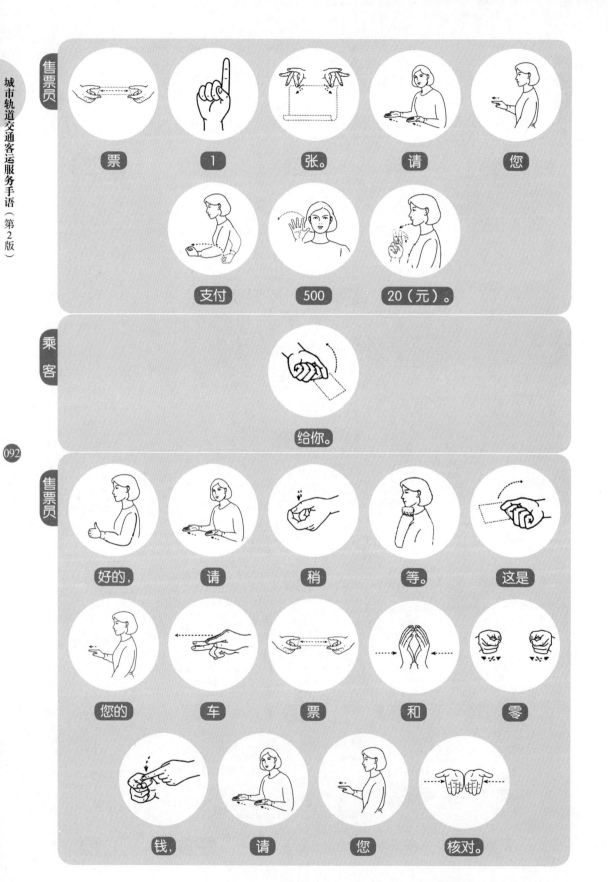

乘客

谢谢。

售票员

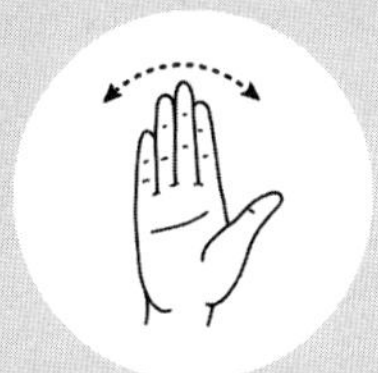

不用  客 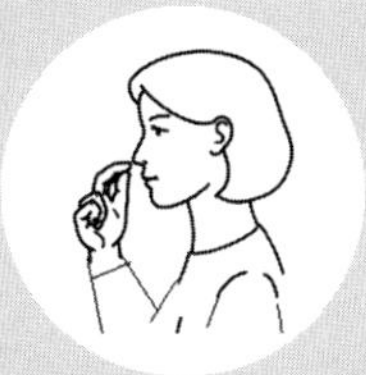 气，  请 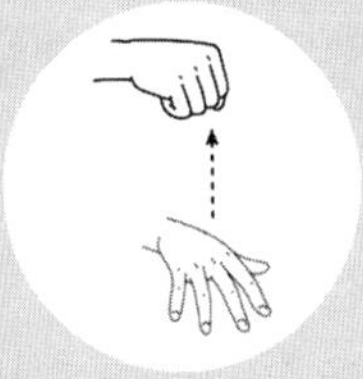 拿

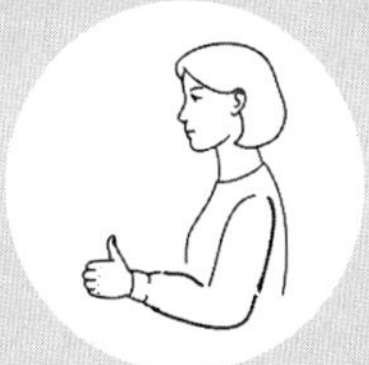

好 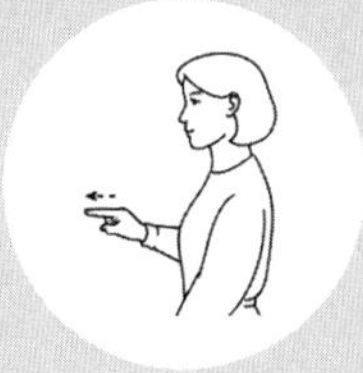 您的 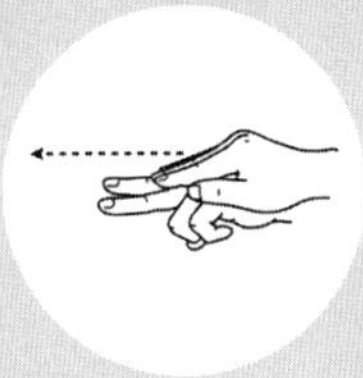 车 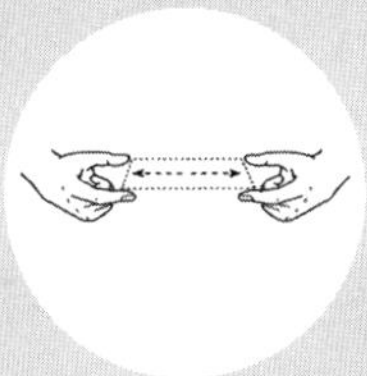 票 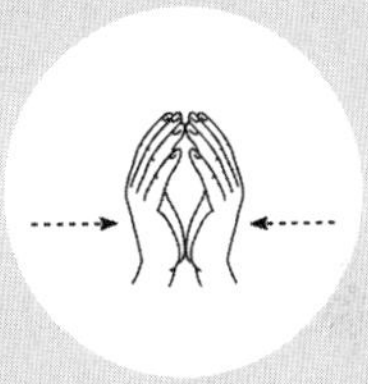 和

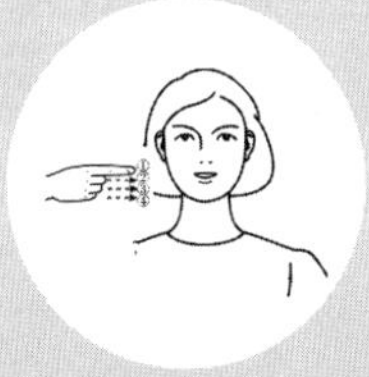

证件，  祝 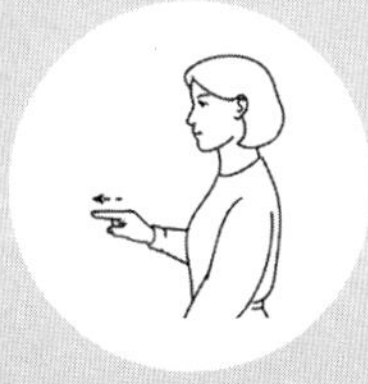 您 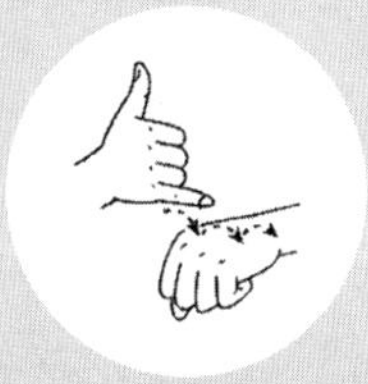 旅途  愉快。

手语服务场景二：引导乘客办理火车票退票

售票员

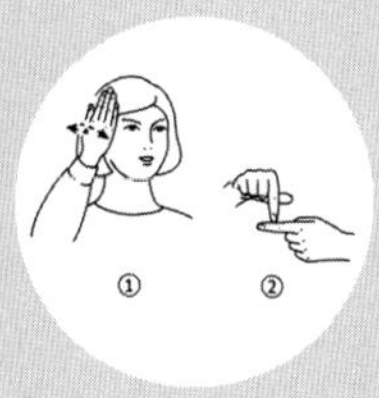

先生， 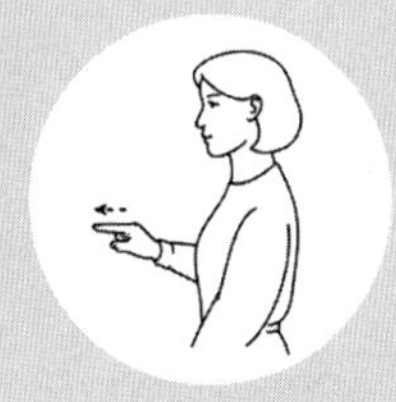 您 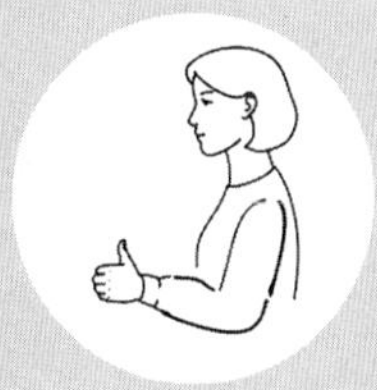 好，  请 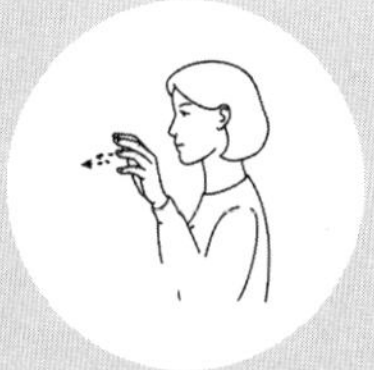 问

您 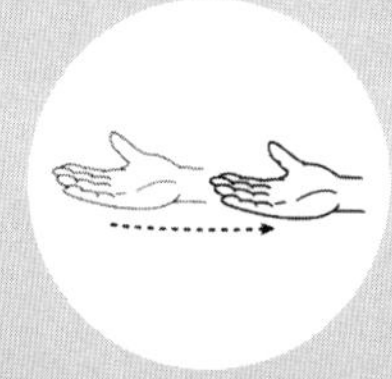 要 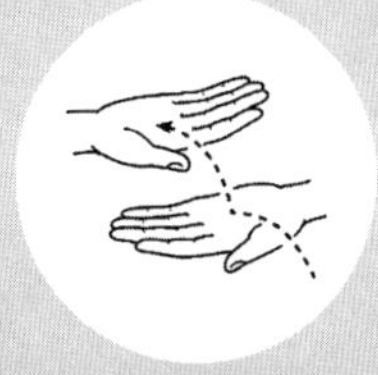 买 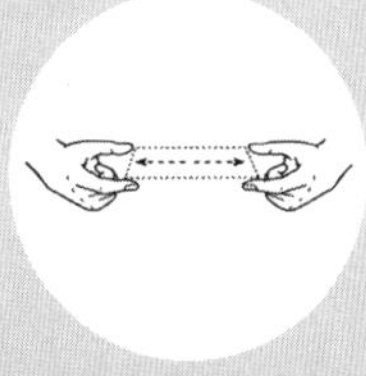 票 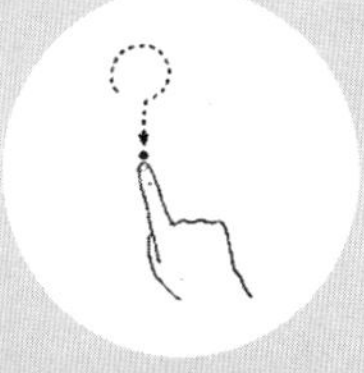 吗?

乘客: 不是的，我想退票。

售票员: 好的，请把您的车票和身份证给我，我帮您看看是否可以退票。

乘客: 给你。

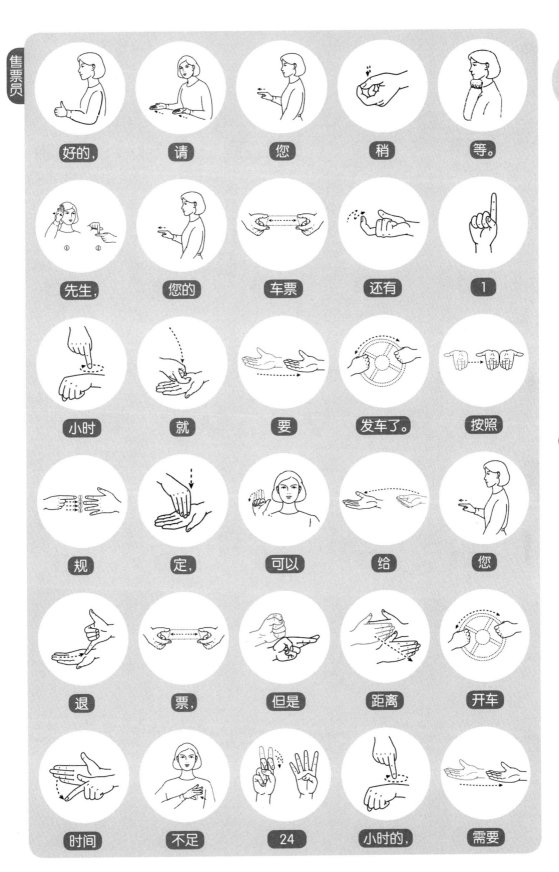

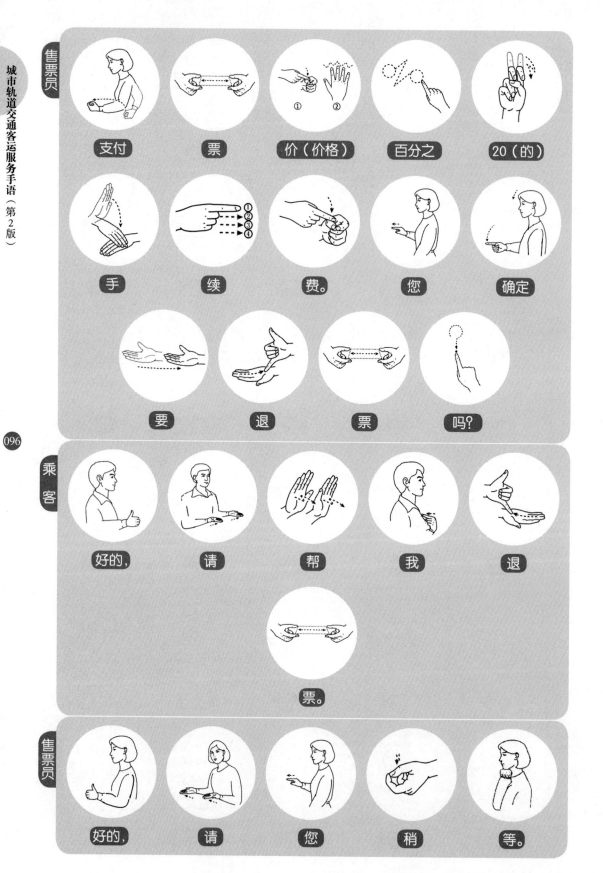

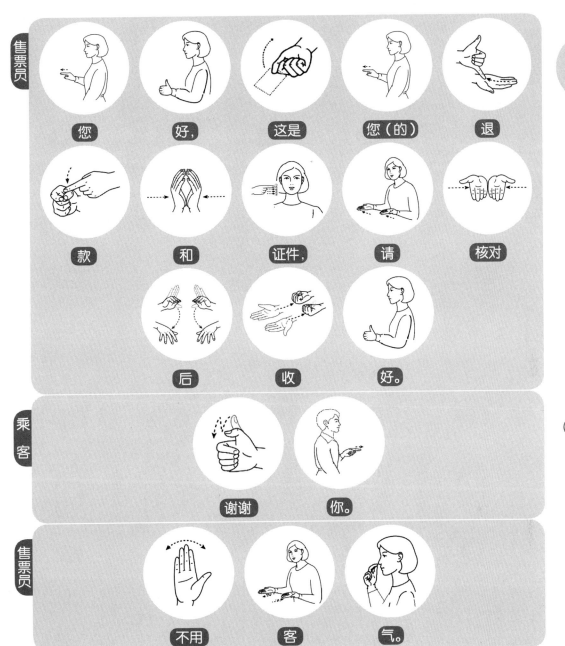

手语服务场景三：引导乘客办理火车票改签

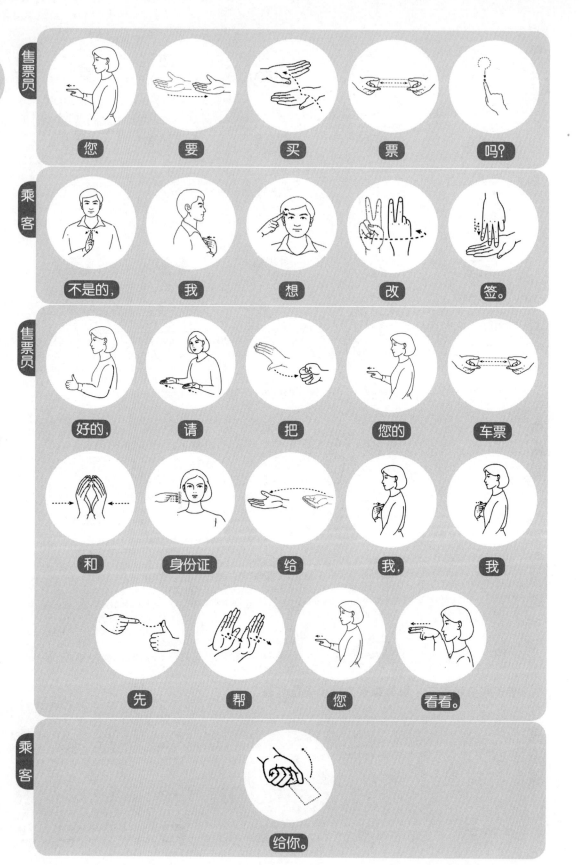

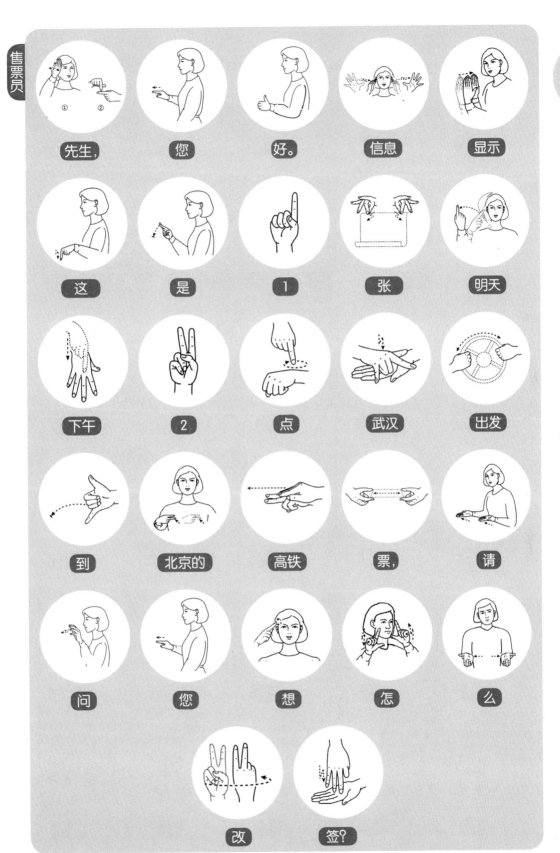

售票员 — 项目三 票务服务手语

到 北京 还有 余 票，

票 价（价格） 相同。 根据 车

站 规 定， 可以 给

您 免费 改 签 1

次。 请 问 您 确定

要 改 签 吗？

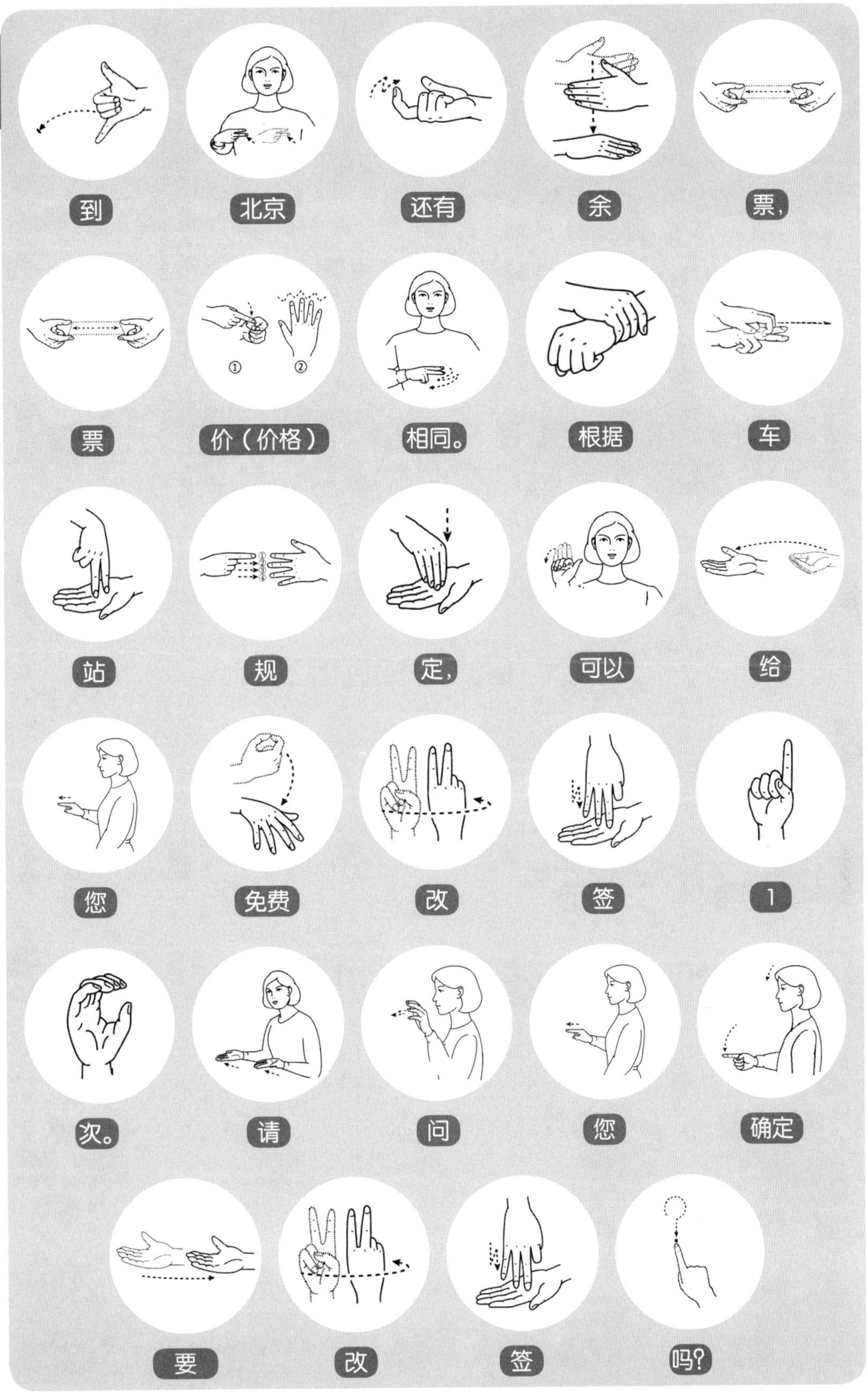

乘客: 是的，请帮我改签成明天上午10点15分（的车票）。

售票员: 好的，请您稍等。先生，您的车票已经改签，请您

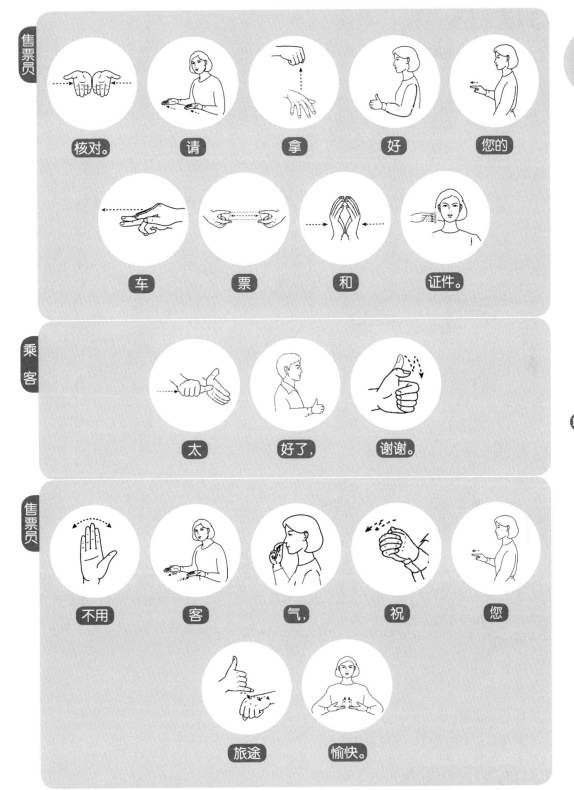

说完，聋哑乘客向售票员挥手再见，并伸出大拇指做了一个"赞许"的手势。售票员的脸上露出会心的微笑。

任务实施

1. 复习重点词汇和短语手势。

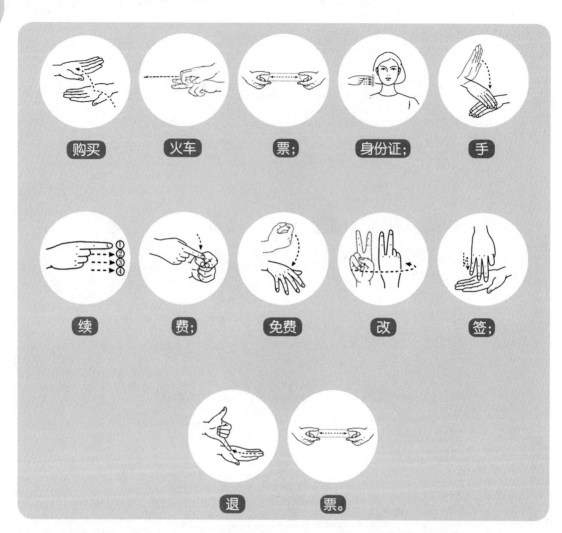

购买　火车　票；　身份证；　手

续　费；　免费　改　签；

退　票。

2. 以两人为一小组,运用以上重点词汇和短语,编写一段引导乘客退票或改签火车票的对话,并用手语展示出来。

售票员:

乘客:

售票员:

乘客:谢谢。

售票员:不用客气,祝您旅途愉快。

任务考核与评价

根据任务完成情况及小组展示表现,完成本次学习任务的考核与评价。具体考核评价标准参考项目三任务三考核评价表(表3-3)。

表 3-3　项目三任务三考核评价表

学号：　　　　　　　　班级：　　　　　　　　姓名：

考核能力	考核项目	考核内容	分值（分）	小组互评	教师评价
专业能力	手势准确性	重点词汇手势准确	20		
	手势标准性	对话展示的手势规范、标准	15		
	手势流畅性	对话展示的手势顺畅、流利	15		
	手语语法习惯	对话展示的手势符合聋哑乘客的用语习惯	10		
素养能力	团队合作能力	与同伴友爱互助、配合默契	10		
	创新发展能力	设计的对话合理、完整	10		
	服务意识	设计的对话体现对聋哑乘客的友爱、关怀	15		
	服务礼仪	对话展示体现良好的服务礼仪	5		
		合计	100		

素养小课堂

专业手语服务助力深圳地铁发展

2017年，深圳地铁7号线西丽湖站区培训室迎来了一场特殊的活动，38名地铁站务员完成了首期手语培训班课程。本次培训班的讲师来自以听障人士为主的创业团队——"声活"团队。据悉，这是深圳地铁首次开展此类培训，旨在为残疾人群体提供更好的无障碍乘车环境，实现地铁服务升级。两个小时的集中训练后，38名站务员较为熟练地掌握了基础手语的内容。站务员王女士告诉记者，过去在运营岗位上服务，面对聋哑乘客的购票及乘车求助，因自己不懂手语，只能比划生硬的动作或者在纸上写字去应对，倍觉尴尬。此次培训使她受益匪浅，她期待着下一次培训，更期待着未来自己能为聋哑乘客提供专业手语服务。"日常工作中，遇到聋哑乘客乘车求助的机会虽然并不多，但哪怕只有千分之一或者万分之一的可能，我们也不希望在遇到他们时缺失这样的服务能力"，西丽湖站区负责人刘先生向记者介绍开展此次手语培训的初衷。无障碍乘车环境一直受到残疾人群体的关注。随着深圳地铁硬件设施（如专用垂直电梯、盲人导向带等）的逐步完善，残疾人群体乘坐地铁出行的障碍已经越来越少。而深圳地铁对站务员进行基础手语培训的尝试，即是在硬件设施较为完备的基础之上，进一步提升为残疾人群体服务的软实力。

摘编自《深圳晚报》（2017年5月19日）

< 查一查 >

请调研一下，我国有哪些城市轨道交通系统积极开展手语培训？

项目四　列车服务手语

● **项目描述**

本项目主要介绍当工作人员为乘客提供列车服务时，需要掌握的日常手语和服务手语。

● **学习目标**

1. 掌握列车服务中常用手语，包括文明乘车引导、有轨电车乘务服务手语等。
2. 能熟练运用手语提供简单的列车服务。
3. 培养强烈的责任感和服务意识、良好的沟通能力。

● **建议学时**

6学时。

任务一　文明乘车引导

● **情境导入**

某日中午12时许，几位聋哑乘客带着2个小孩来到地铁站，他们在站务员小张的帮助下顺利进站，并来到站台候车。两分钟后，开往天河机场方向的地铁2号线列车到达车站，**他们在小张的陪同下一起上车。**列车上乘客很多，较为拥挤，这些聋哑乘客感到有些紧张。如果你是一名车站工作人员，要如何向他们提供帮助？

● **任务描述**

请先学习"知识储备"中的典型手语服务场景，然后完成"任务实施"中的题目。

● **任务分组**

姓　名	学　号	分　工	备注	学 习 计 划
			组长	

知识储备

手语服务场景一：提醒乘客抓紧扶手注意安全

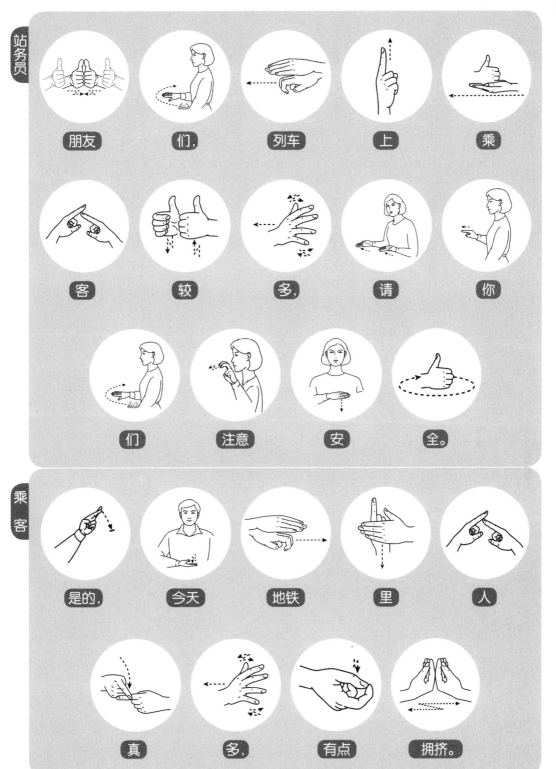

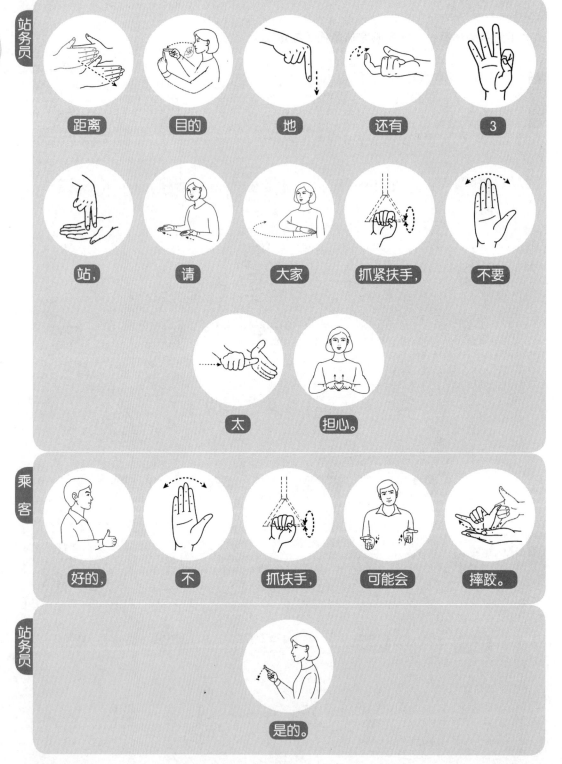

站务员小张与其中一名聋哑乘客正在聊天时，见两个小孩正在嬉戏打闹。小张立即上前阻止，并用手语进行沟通。

手语服务场景二：提醒乘客不要追逐打闹

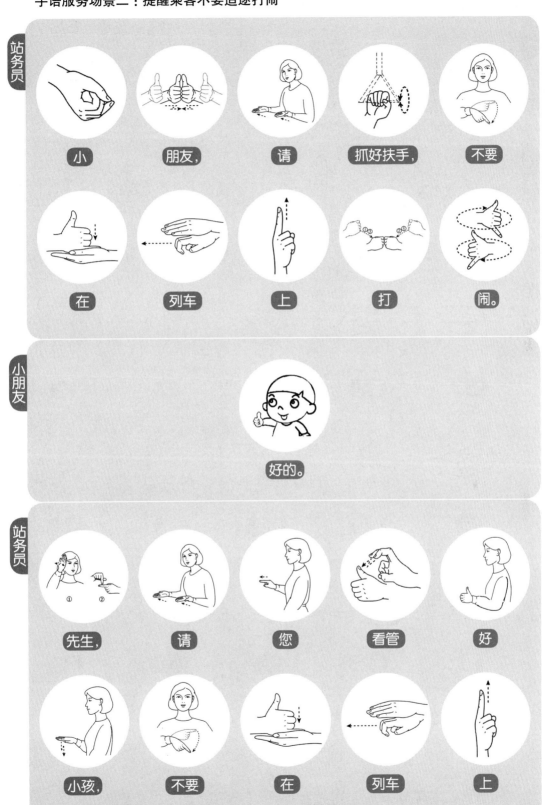

站务员 追逐 打 闹。

乘客 好的, 不 好 意思。

站务员 列车 运行 过程 中, 会 有 晃动 情况, 请 一定 要 照看 好 小孩, 否则 容易 发生 意 外。

乘客：好的，我 知道了。

站务员：谢谢 您的 理 解 与 配合。

乘客：谢谢 你的 提醒。

站务员：不用 客 气。

说完，两个小孩回到座位上坐好。这时，聋哑乘客中有一名中年女乘客从包里掏出一包零食准备吃，小张见状立即上前制止。

手语服务场景三：提醒乘客不要在地铁上吃东西

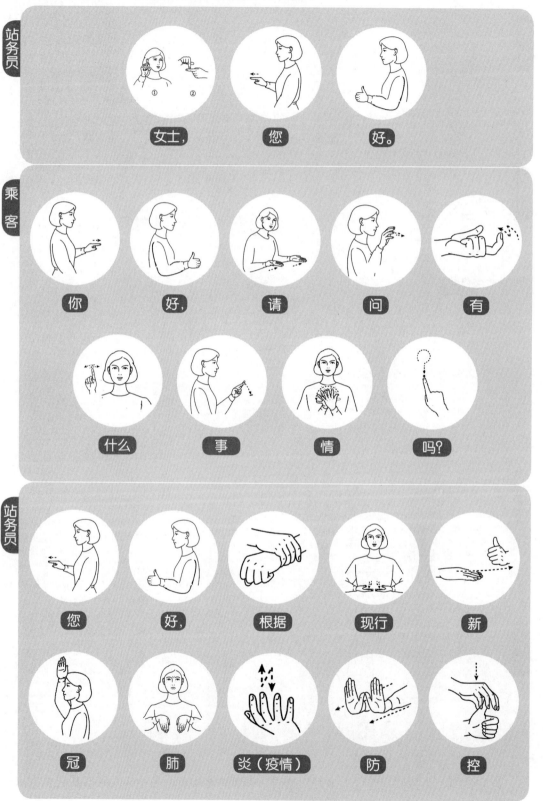

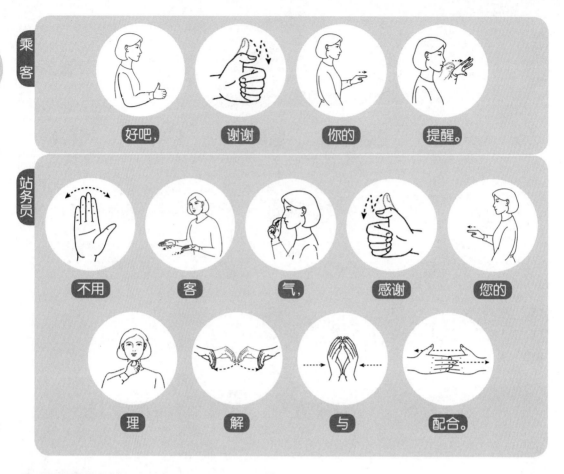

任务实施

1. 复习重点词汇和短语手势。

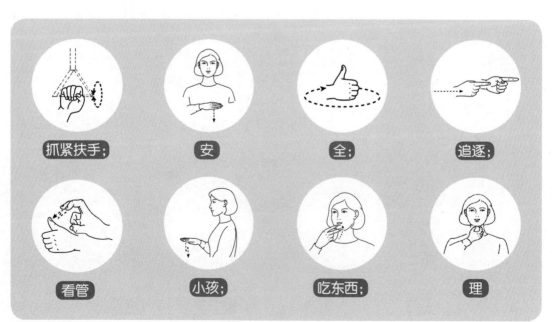

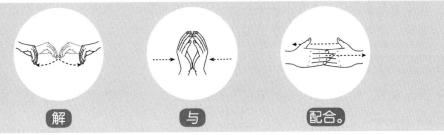

解　　　　　　　与　　　　　　　配合。

2. 以两人为一组，运用以上重点词汇和短语，编写一段乘车指引的对话，并用手语展示出来。

站务员：

乘客：

站务员：

乘客：谢谢。

站务员：不用客气，祝您旅途愉快。

任务考核与评价

根据任务完成情况及小组展示表现，完成本次学习任务的考核与评价。具体考核评价标准参考项目四任务一考核评价表（表4-1）。

表4-1　项目四任务一考核评价表

学号：　　　　　　班级：　　　　　　姓名：

考核能力	考核项目	考核内容	分值（分）	小组互评	教师评价
专业能力	手势准确性	重点词汇手势准确	20		
	手势标准性	对话展示的手势规范、标准	15		
	手势流畅性	对话展示的手势顺畅、流利	15		
	手语语法习惯	对话展示的手势符合聋哑乘客的用语习惯	10		
素养能力	团队合作能力	与同伴友爱互助、配合默契	10		
	创新发展能力	设计的对话合理、完整	10		
	服务意识	设计的对话体现对聋哑乘客的友爱、关怀	15		
	服务礼仪	对话展示体现良好的服务礼仪	5		
		合计	100		

任务二　有轨电车乘务服务

情境导入

某有轨电车车站，来了几位准备去光谷剧院演出的聋哑乘客。他们每人提着一个行李箱，在车上东张西望，电车上的乘务员（有轨电车客运服务人员一般称客运员）小张见状立即上前。如果你是一名乘务员，要如何向他们提供帮助？

任务描述

请先学习"知识储备"中的典型手语服务场景，然后完成"任务实施"中的题目。

知识储备

手语服务场景一：引导乘客刷卡

乘务员: 刷 一卡通。

乘客: 可 是 我 们 都 没有 一卡通， 能 买 单 次 票 吗?

乘务员: 对不起， 我 们 不 出售 单 次 票。 您 打开

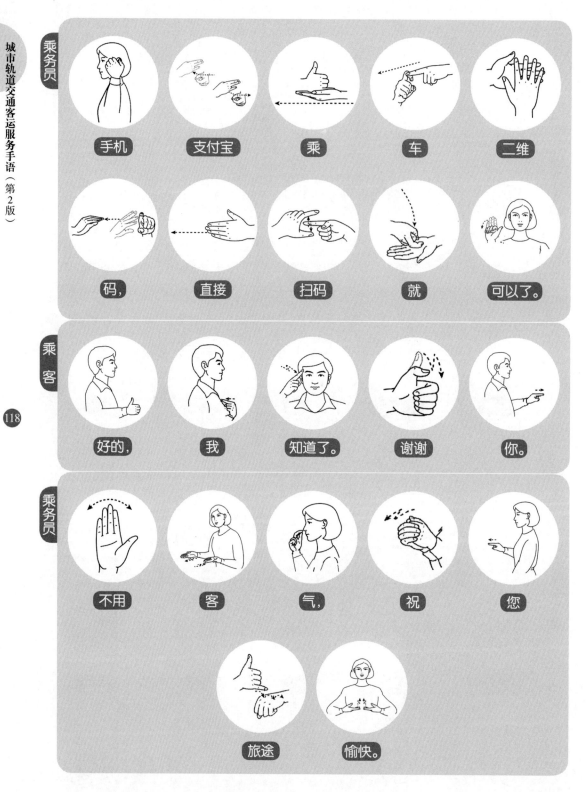

在小张的引导下，几位聋哑乘客都打开手机完成了扫码支付。正在这时，小张发现其中一名聋哑乘客没有佩戴口罩。小张立即上前与她沟通。

手语服务场景二：提醒乘客戴好口罩

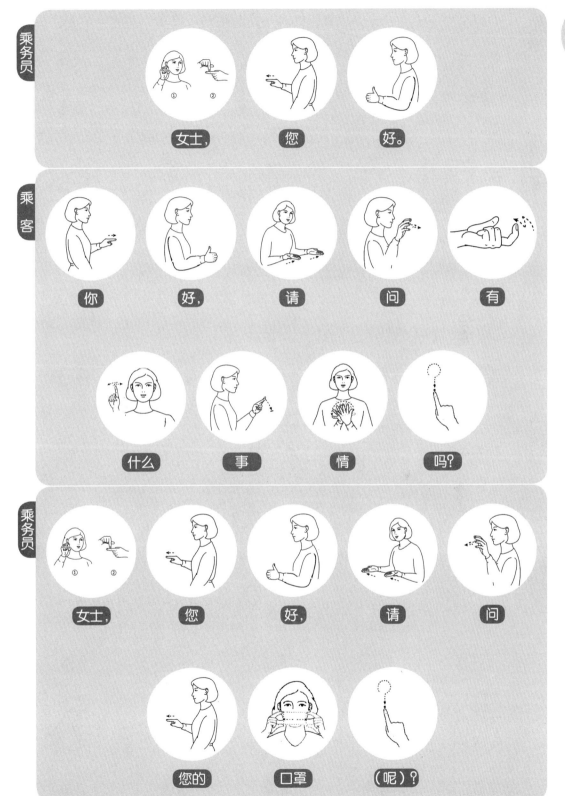

乘客：我 放 在 口袋 里。

乘务员：为了 您 和 他 人的 健康， 请 您 戴好 口罩。

乘客：可 是 （戴着）口罩 很 闷。

乘务员：根据 现行 新 冠 肺 炎（疫情） 防 控 要 求，

项目四 列车服务手语

乘务员: 乘坐 公 共 交通 工 具 时 必须 佩戴 口罩, 请 您 配合。

乘客: （那）好吧。

乘务员: 谢谢 您的 理 解 与 配合。

121

不久，这群准备去参加演出的聋哑乘客就要下车了。只见他们纷纷站起来，簇拥至列车门口。由于准备下车的人员较多，一时有些拥挤。工作人员小张立即走到列车门口，一边说一边用手比划。

服务场景三：引导乘客有序下车

各位	乘	客，	请	大家
不要	着急。	列车	还	在
行驶	过程	中，	没有	完全
停	稳，	请	大家	务必
站	稳	扶好。	各位	乘

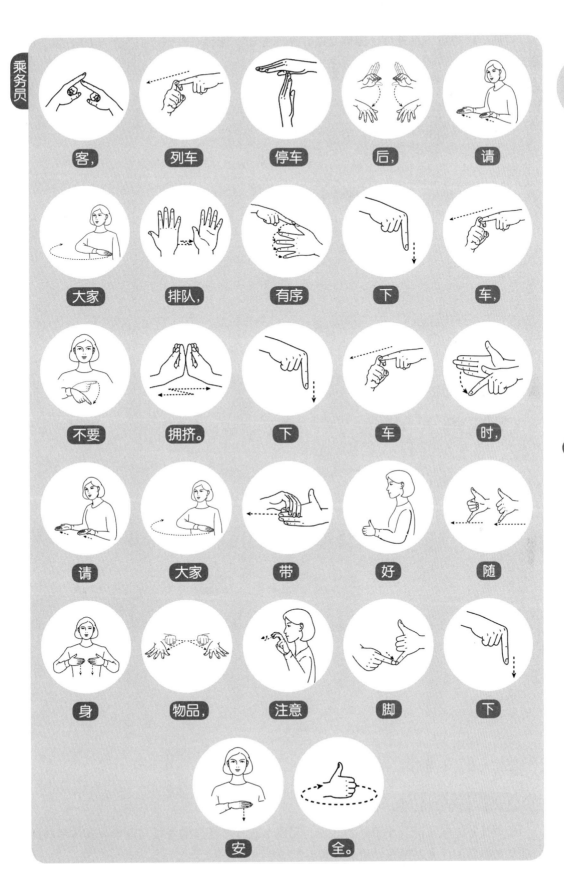

待列车停稳后，乘务员小张侧身站在车门旁边，伸出右手做出引导下车的手势。聋哑乘客们下车时纷纷竖起大拇指，对小张表示赞赏。

任务实施

1. 复习重点词汇和短语手势。

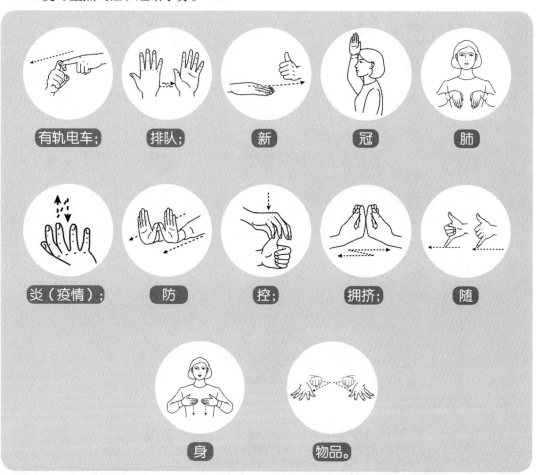

2. 以两人为一组，运用以上重点词汇和短语，编写一段引导乘客有序上、下车的对话，并用手语展示出来。

工作人员：

乘客：

工作人员：

乘客：谢谢。

工作人员：不用客气，祝您旅途愉快。

任务考核与评价

根据任务完成情况及小组展示表现，完成本次学习任务的考核与评价。具体考核评价标准参考项目四任务二考核评价表（表4-2）。

表 4-2　项目四任务二考核评价表

学号：　　　　　　班级：　　　　　　姓名：

考核能力	考核项目	考核内容	分值（分）	小组互评	教师评价
专业能力	手势准确性	重点词汇手势准确	20		
	手势标准性	对话展示的手势规范、标准	15		
	手势流畅性	对话展示的手势顺畅、流利	15		
	手语语法习惯	对话展示的手势符合聋哑乘客的用语习惯	10		
素养能力	团队合作能力	与同伴友爱互助、配合默契	10		
	创新发展能力	设计的对话合理、完整	10		
	服务意识	设计的对话体现对聋哑乘客的友爱、关怀	15		
	服务礼仪	对话展示体现良好的服务礼仪	5		
		合计	100		

任务三　其他轨道交通乘务服务

情境导入

"旅客朋友们，你们好。开往北京西方向的ZXX次列车马上就要发车了。请还没有上车的乘客抓紧时间上车……"伴随着车站即将发车的广播，ZXX次列车7号车厢冲进来一名女性乘客。只见她一手拖着一个黑色大行李箱，一手抱着一个3岁左右的小男孩，身上还背着一个黑色双肩包。乘务员小刘立即上前询问是否需要帮助，可这名乘客嘴里"啊，啊，啊"地不知说什么。小刘立刻明白，这是一位聋哑乘客。如果你是一名工作人员，要如何向她提供帮助？

任务描述

请你先学习"知识储备"中的典型手语服务场景，然后完成"任务实施"中的题目。

知识储备

手语服务场景一：帮助乘客存放行李物品

乘务员：乘　客　您　好，　我

城市轨道交通客运服务手语(第2版)

乘务员: 来 / 帮 / 您 / 放 / 行李箱(吧)。

乘客: 太 / 好了, / 谢谢 / 你。 / 我 / 一个人(自己) / 带着 / 小孩, / 真的 / 有点 / 不 / 方便。

乘务员: 没事的, / 我 / 来 / 帮 / 您。 / 您的 / 行李箱 / 比较 / 大, / 您

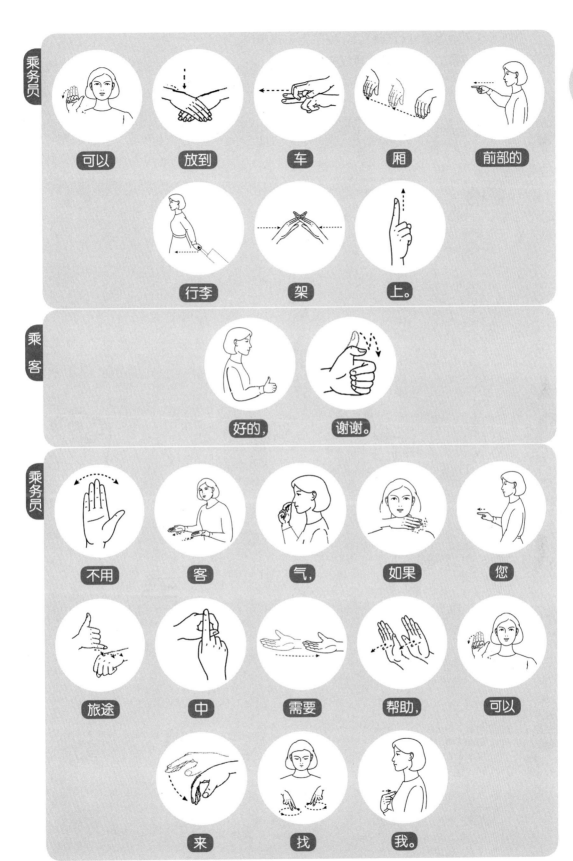

小刘帮这名乘客放好行李箱后，便陪她去找座位。

手语服务场景二：帮助乘客寻找座位

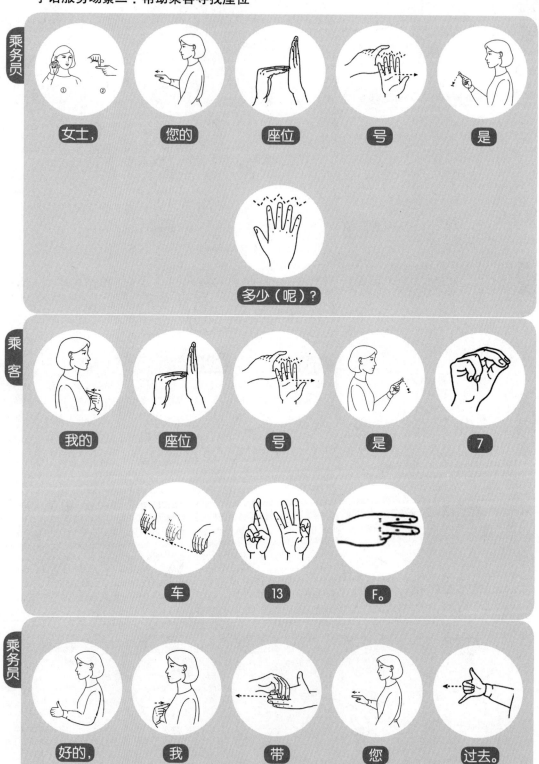

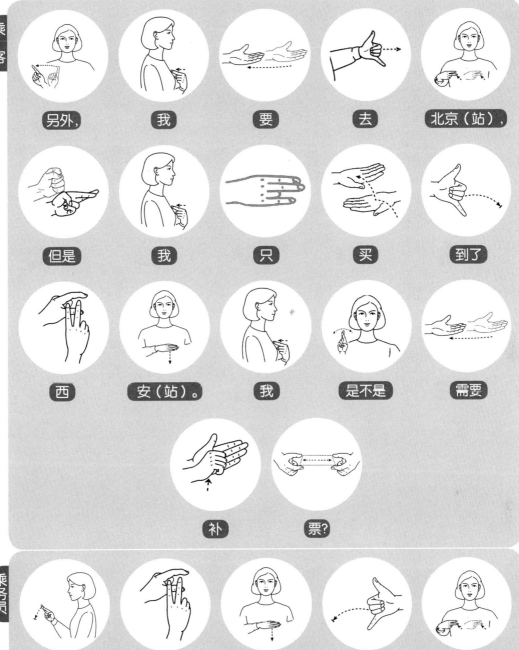

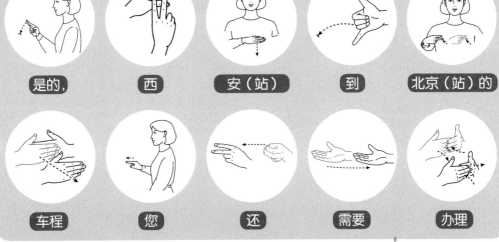

城市轨道交通客运服务手语(第2版)

乘务员：补票手续。请您稍等，我联系列车长来为您办理。

乘客：好的，谢谢你。

乘务员：不用客气。

中午时分，这名聋哑乘客带着小孩过来找小刘，小刘热情地为她提供服务。

手语服务场景三：帮助乘客在列车上购餐

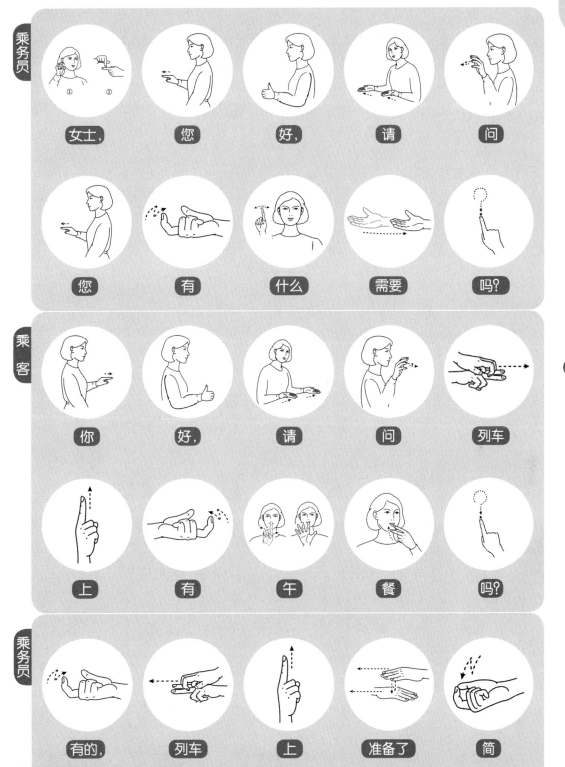

乘务员

餐，有 米饭、面条、面包等。餐车在列车中部5号车厢，您可以过去看看。

乘客

可是我带着小孩，还有很多行李，

乘客: 不 方便 过去, 怎 么 办?

乘务员: 您 选好 后 告诉 我, 我 可以 帮 您 送到 座位 上。

乘客: (那)太 好了。 我 想 点

项目四 列车服务手语

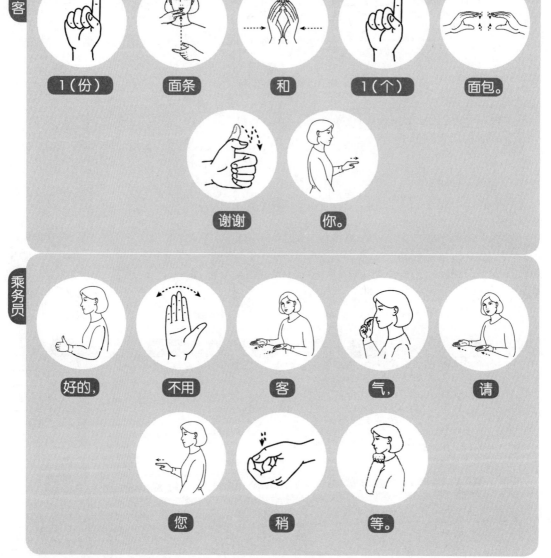

不久，乘务员小刘帮聋哑乘客把午餐送到座位上，乘客伸出右手大拇指表示感谢。

任务实施

1. 复习重点词汇和短语手势。

餐； 方便（简单）。

2. 以两人为一小组，运用以上重点词汇和短语，编写一段关于乘车指引的对话，并用手语展示出来。

乘务员：

乘客：

乘务员：

乘客：谢谢。

乘务员：不用客气，祝您旅途愉快。

任务考核与评价

根据任务完成情况及小组展示表现，完成本次学习任务的考核与评价。具体考核评价标准参考项目四任务三考核评价表（表4-3）。

表4-3 项目四任务三考核评价表

学号： 班级： 姓名：

考核能力	考核项目	考核内容	分值（分）	小组互评	教师评价
专业能力	手势准确性	重点词汇手势准确	20		
	手势标准性	对话展示的手势规范、标准	15		
	手势流畅性	对话展示的手势顺畅、流利	15		
	手语语法习惯	对话展示的手势符合聋哑乘客的用语习惯	10		
素养能力	团队合作能力	与同伴友爱互助、配合默契	10		
	创新发展能力	设计的对话合理、完整	10		
	服务意识	设计的对话体现对聋哑乘客的友爱、关怀	15		
	服务礼仪	对话展示体现良好的服务礼仪	5		
		合计	100		

素养小课堂

京张高铁全线升级无障碍设施和服务

为了更好地服务冬残奥会，京张高铁全线优化站区服务，升级无障碍设施、开展针对性人员培训，努力为残障乘客提供无障碍的出行体验。

北京北站、清河站常态化开展"手语班前集中练"活动，针对聋哑乘客在站区内的需求，进行场景预想演练，以更好地用手语与聋哑乘客进行沟通。在进站乘车方面，车站设有绿色通道、无障碍电梯，并提供轮椅服务，保障残障乘客进站、乘车畅通无阻。同时，候车室为残障乘客提供独立的专属候车空间，并设有残疾人卫生间。针对盲人乘客，车站组织全员学习携带导盲犬的相关知识，做到人人熟知导盲犬的相关规定和要求。北京客运段推出"温馨提示卡"，上面印有中英文以及盲文的列车长联系方式，乘客可以及时联系列车长。乘客有需要时只需按动按钮，乘务员便会第一时间收到提示，及时为乘客提供帮助。

摘编自人民网（2021年03月05日）

<想一想>

如果你是一名服务于冬残奥会的志愿者，你将如何利用手语服务乘客？

项目五　站台服务手语

● **项目描述**

本项目主要介绍当站台工作人员向候车的聋哑乘客提供候车引导、其他站台服务等客运服务时，需要掌握的日常手语和服务手语。

● **学习目标**

1. 掌握站台服务中常用手语语句，包括候车引导手语等。
2. 能熟练运用手语提供简单的站台服务。
3. 培养强烈的责任感和服务意识，培养良好的沟通能力。

● **建议学时**

6学时。

 候车引导

情境导入

某日早高峰时期，站台上乘客较多，站务员小李看见有一名乘客焦急地往站台门处挤，小李立刻上前提醒。只见这名乘客用手不停比划着，小李便明白，这是一名聋哑乘客。如果你是一名站台工作人员，要如何向聋哑乘客提供帮助？

任务描述

请你先学习"知识储备"中的典型手语服务场景，然后完成"任务实施"中的题目。

任务分组

姓　名	学　号	分　工	备注	学习计划
			组长	

知识储备

手语服务场景一：引导乘客在安全线外候车

站务员： 乘 客 您 好， 为了 您的 安 全， 请 您 在 黄色 安 全 线 外 候 车。

乘客： 好的， 我 没 注意到 安

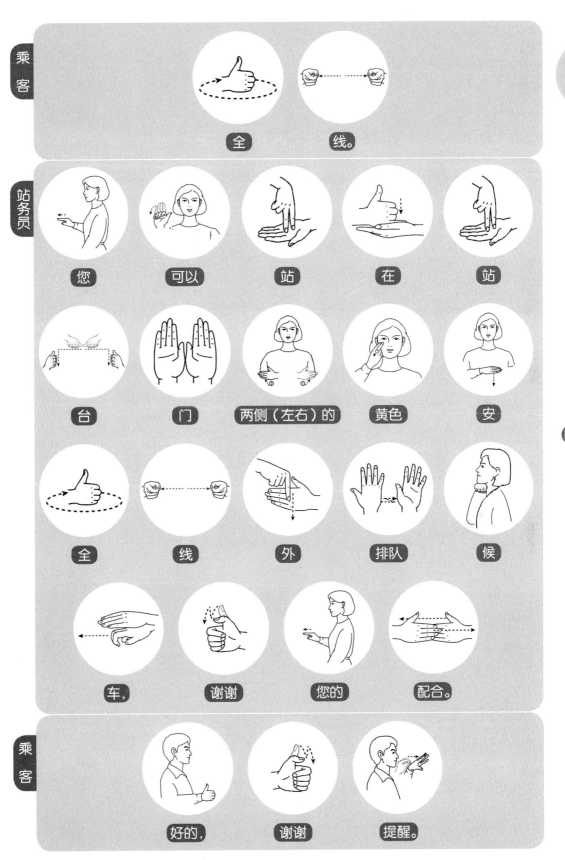

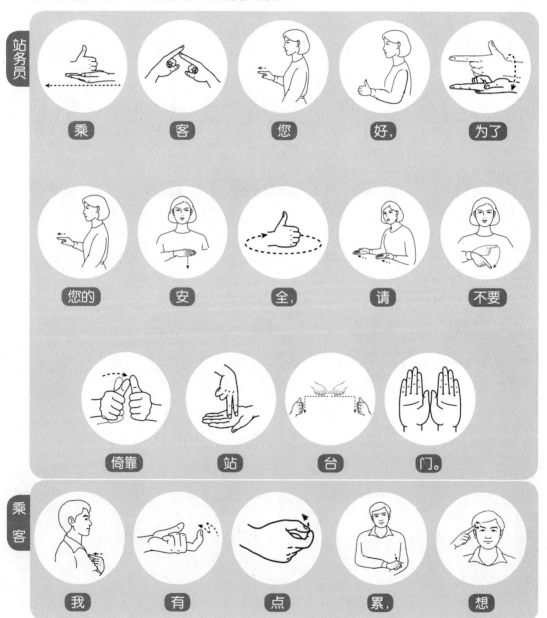

说完，小李继续在站台巡视。不久，小李发现有一位聋哑乘客倚靠在站台门上，她立即上前劝阻。

手语服务场景二：提醒乘客不要倚靠站台门

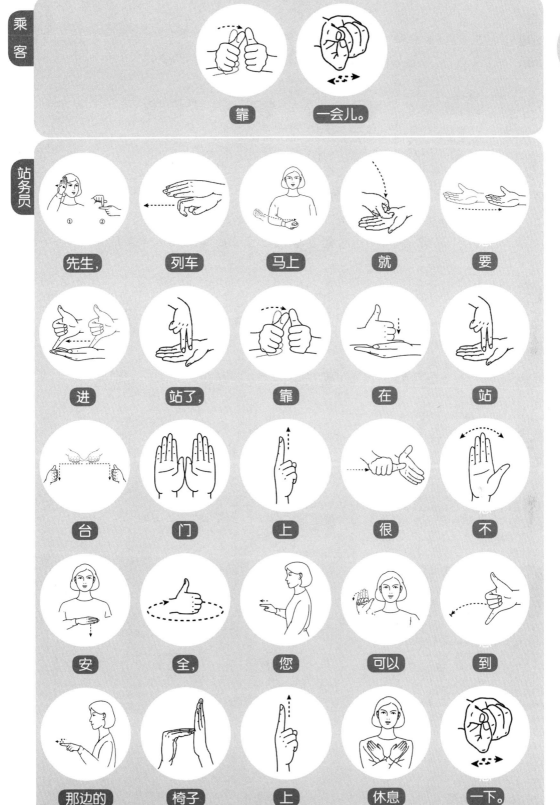

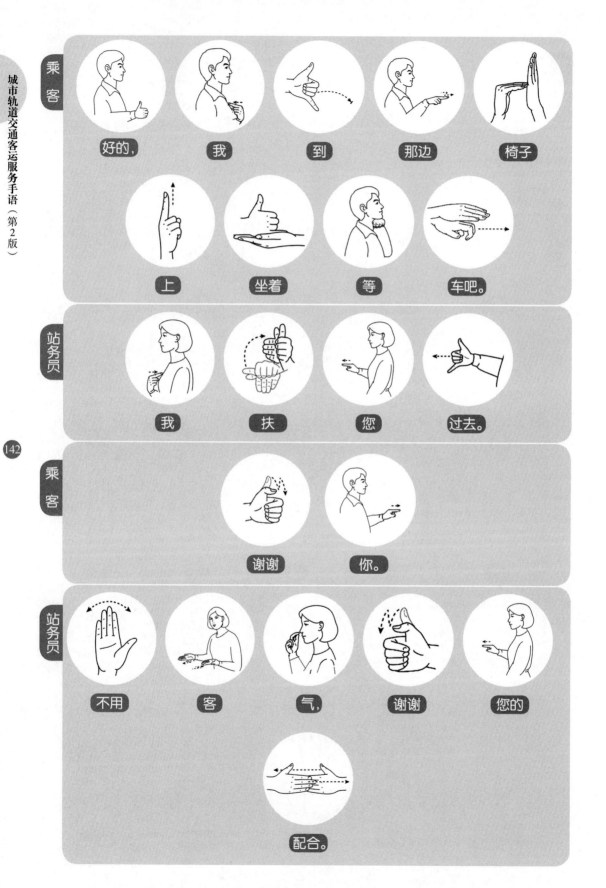

说完,小李继续在站台巡视。不久,小李发现有一位聋哑乘客蹲在站台门旁边,她立即上前劝阻。

手语服务场景三:提醒乘客不要蹲姿候车

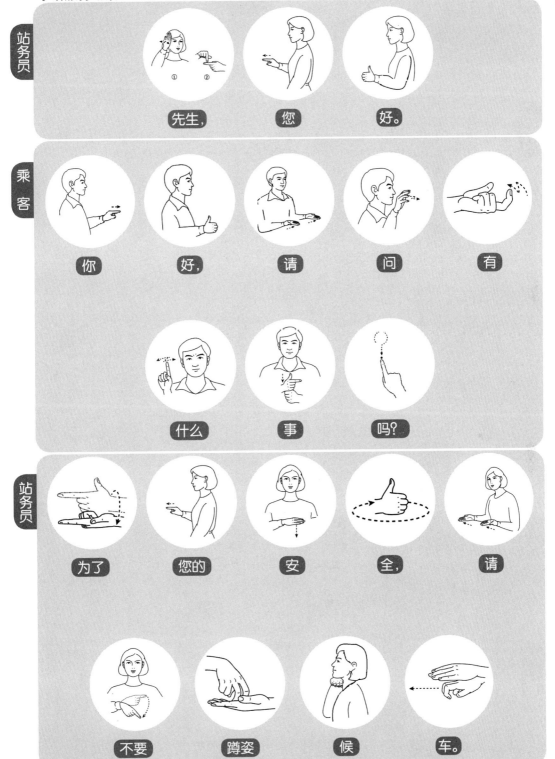

乘客：我 喜欢 蹲着。

站务员：列车 进 站 速度 很 快，风 也 很 大，我 们 要 确保 您的 安 全。

乘客：好吧， 谢谢 你的 提醒。

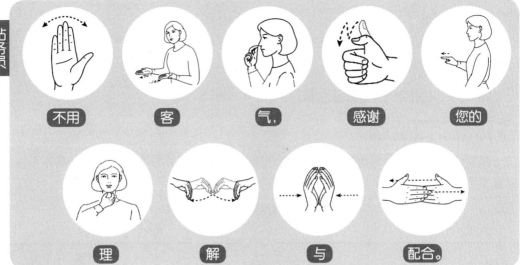

任务实施

1. 复习重点词汇和短语手势。

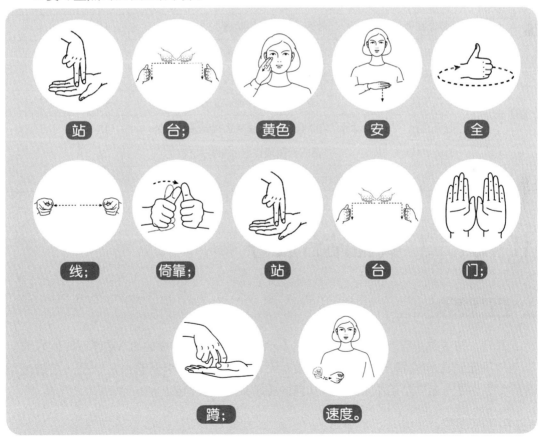

2. 以两人为一小组,运用以上重点词汇和短语,编写一段指引乘客候车的对话,并用手语展示出来。

站务员：

乘客：

站务员：

乘客：谢谢。

站务员：不用客气，祝您旅途愉快。

任务考核与评价

根据任务完成情况及小组展示表现，完成本次学习任务的考核与评价。具体考核评价标准参考项目五任务一考核评价表（表5-1）。

表5-1 项目五任务一考核评价表

学号：　　　　　　班级：　　　　　　姓名：

考核能力	考核项目	考核内容	分值（分）	小组互评	教师评价
专业能力	手势准确性	重点词汇手势准确	20		
	手势标准性	对话展示的手势规范、标准	15		
	手势流畅性	对话展示的手势顺畅、流利	15		
	手语语法习惯	对话展示的手势符合聋哑乘客的用语习惯	10		
素养能力	团队合作能力	与同伴友爱互助、配合默契	10		
	创新发展能力	设计的对话合理、完整	10		
	服务意识	设计的对话体现对聋哑乘客的友爱、关怀	15		
	服务礼仪	对话展示体现良好的服务礼仪	5		
		合计	100		

任务二　其他站台服务

情境导入

某日，站务员小李接到车控室通知，一名中年男性乘客在站台A端停留时间较长。小刘立即走过去询问情况。只见这名乘客不停比划着，小李便明白，这是一名聋哑乘客。如果你是一名车站工作人员，要如何向聋哑乘客提供帮助？

任务描述

请先学习"知识储备"中的典型手语服务场景，然后完成"任务实施"中的题目。

知识储备

手语服务场景一：发现乘客在站台逗留

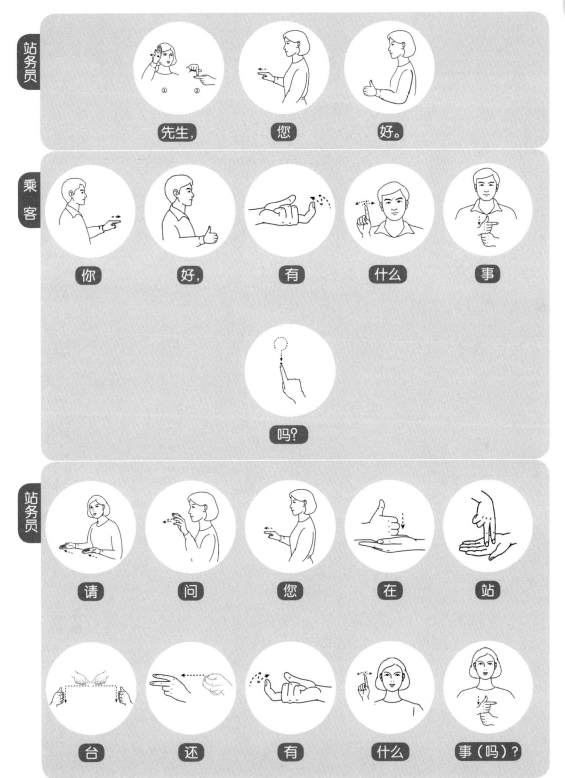

乘客

我 在 等 人。

站务员

很 抱歉, 根据 地铁 公

司 规 定, 乘 客

不能 长 时间 在 站

内 停留。 如果 您 要

等 人, 可以 在 站

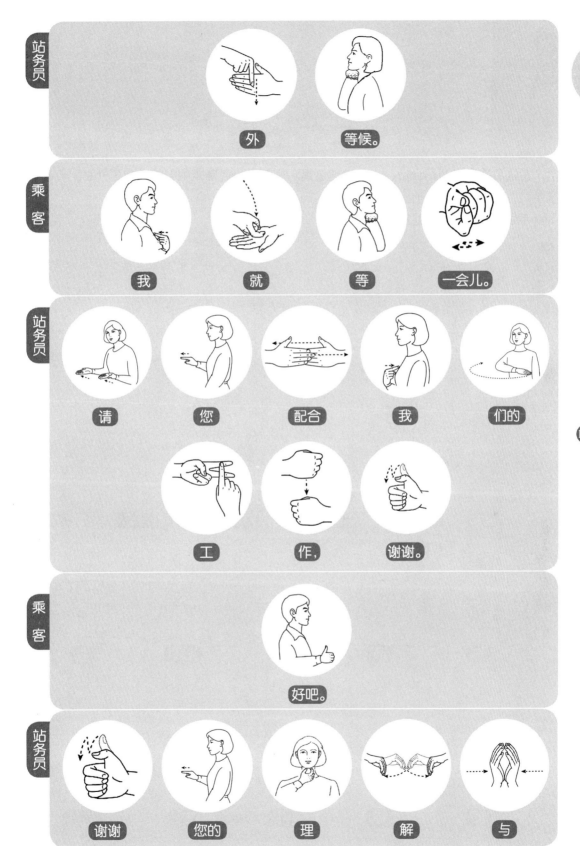

待这名乘客离开站台后,小李继续巡视。这时,一名聋哑乘客朝小李走过来,看起来很生气,小李立即迎上前。

手语服务场景二:处理乘客意见

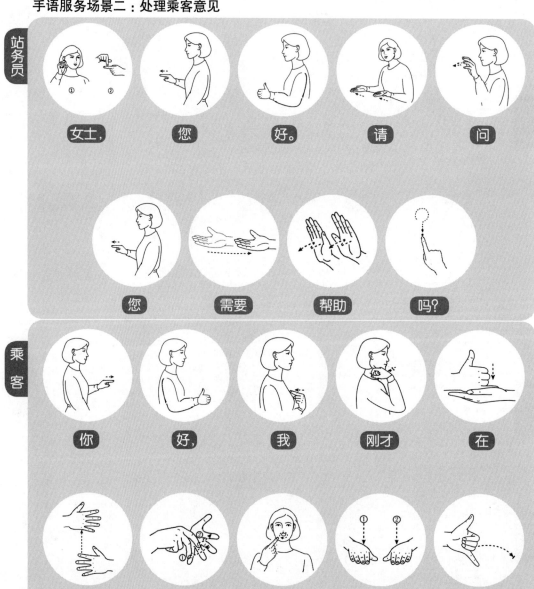

项目五 站台服务手语

乘客
1(个) 牛 奶 盒， 差
点 摔跤了。

站务员
对不起， 是 我 们的 工
作 没有 做 好。

乘客
是的， 站 台 上的 垃圾
你 们 应该 及 时

乘客

清理。

站务员

对不起, 我 们 会 立即

清理 垃圾。 谢谢 您的 宝贵

建议, 以后 我 们 会

加 强 管 理, 保障

车 站 卫 生 和

| 站务员 | 安。 | 全。 |

| 乘客 | 那就好。 |

说完，站务员小李陪同这名乘客一起来到楼梯口。小李立即通知保洁员，并向值班站长报告了此事。

任务实施

1. 复习重点词汇和短语手势。

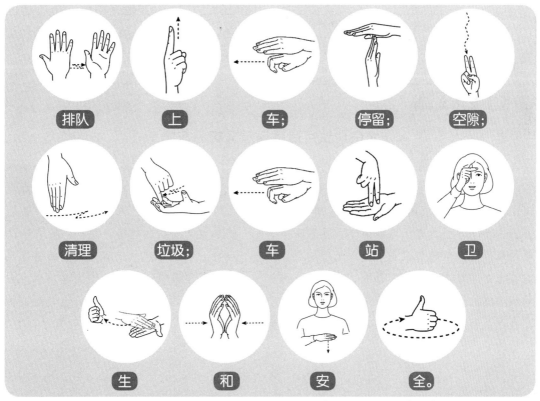

2. 以两人为一小组，运用以上重点词汇和短语，编写一段处理乘客意见的对话，并用手语展示出来。

站务员：

乘客：

站务员：

乘客：谢谢。

站务员：不用客气，祝您旅途愉快。

任务考核与评价

根据任务完成情况及小组展示表现，完成本次学习任务的考核与评价。具体考核评价标准参考项目五任务二考核评价表（表5-2）。

表5-2 项目五任务二考核评价表

学号：　　　　班级：　　　　姓名：

考核能力	考核项目	考核内容	分值（分）	小组互评	教师评价
专业能力	手势准确性	重点词汇手势准确	20		
	手势标准性	对话展示的手势规范、标准	15		
	手势流畅性	对话展示的手势顺畅、流利	15		
	手语语法习惯	对话展示的手势符合聋哑乘客的用语习惯	10		
素养能力	团队合作能力	与同伴友爱互助、配合默契	10		
	创新发展能力	设计的对话合理、完整	10		
	服务意识	设计的对话体现对聋哑乘客的友爱、关怀	15		
	服务礼仪	对话展示体现良好的服务礼仪	5		
		合计	100		

素养小课堂

北京地铁打造手语服务精品车站

北京地铁8号线永泰庄站区全力打造无障碍出行的精品车站，试点推进窗口手语服务。站区专门请专业手语老师，每周开设手语课程，从每个班组中挑选两名员工参加培训，涵盖5座车站。同时，站区结合车站情况，专门印制手语教材，内容涵盖地铁日常服务工作各个方面，包括地铁简介、首末班车时间、换乘站、安检、售票、候车、指路等10项内容，全方位包含了乘客进入地铁购票、乘车、问路、特殊情况救助等方面，使站区实现聋哑乘客与地铁工作人员的"零距离沟通"。站区开展手语培训10次，培训结束后，向考试合格的员工颁发合格证书，随后由每个班组的两名"手语合格员工"对班组其他成员开展培训教育，整体提升员工窗口手语的服务水平。

摘编自中国首都网（2016年8月12日）

<想一想>

假设你是一名站务员，刚入职不久接受了手语服务培训，请你设计一份3年的自我手语提升及服务工作计划。

项目六　应急处理手语

● **项目描述**

本项目主要介绍工作人员在发生应急情况时向聋哑乘客提供帮助所需要掌握的日常手语和服务手语。

● **学习目标**

1. 掌握应急处理时常用手语，包括客伤事故处理、乘客特殊事务处理等客运服务手语；
2. 能熟练运用手语开展前期应急处理；
3. 培养强烈的责任感和服务意识，培养良好的沟通能力。

● **建议学时**

6学时。

客伤事故处理

● **情境导入**

某日早高峰时期，站务员小李听见自动扶梯处传来一声尖叫，她立刻上前查看情况，只见一名乘客从自动扶梯上摔了下来，跌坐在自动扶梯入口，表情有些痛苦。看到小李后，这位乘客伸出双手，做了一些手势，小李立刻明白，这是一位聋哑乘客。如果你是一名站台工作人员，要如何向聋哑乘客提供帮助？

● **任务描述**

请先学习"知识储备"中的典型手语服务场景，然后完成"任务实施"中的题目。

● **任务分组**

姓　名	学　号	分　工	备注	学习计划
			组长	

知识储备

手语服务场景一：发现乘客在自动扶梯上摔倒

站务员：乘 客 您 好， 请 问 您 怎 么了？

乘客：我 刚才 从 自 动 扶梯 上 摔了下来。

站务员：请 问 您 有没有 受

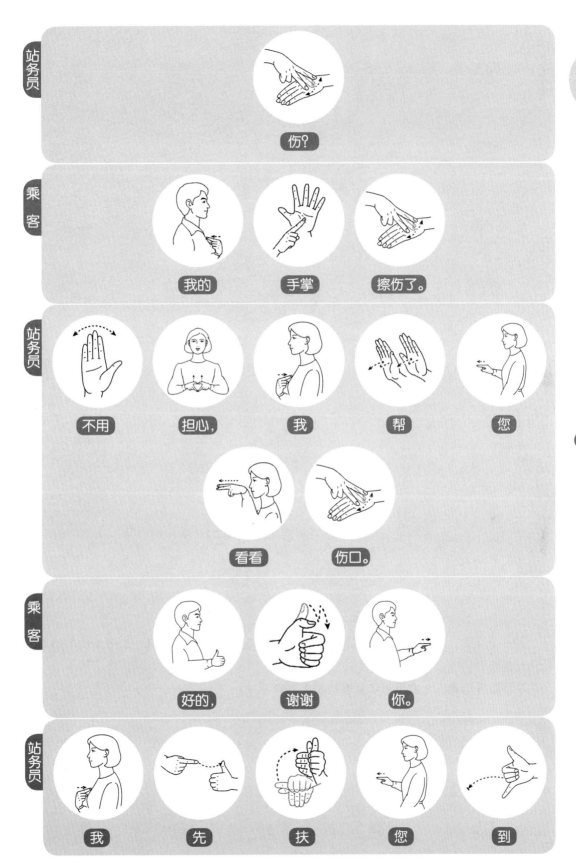

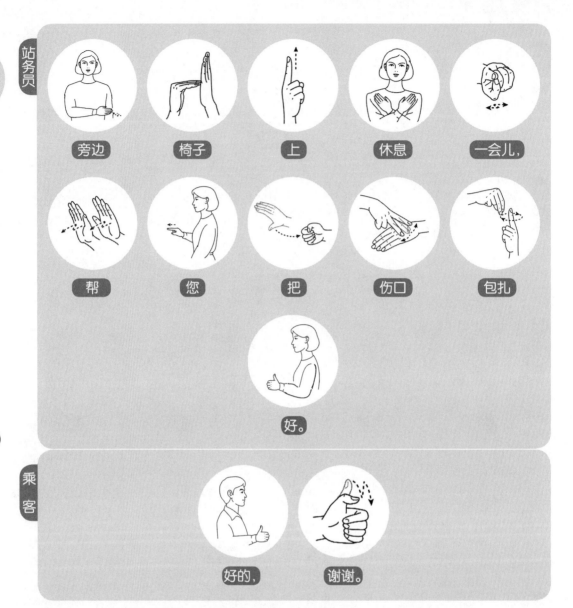

说完，小李扶着这名乘客走到旁边椅子上休息。

另一个早晨，某车站出入口楼梯上，一名老年聋哑在楼梯上摔倒。工作人员小刘立即赶到现场查看情况。

手语服务场景二：发现老年乘客楼梯上摔倒

项目六　应急处理手语

站务员： 问　您　怎　么了？

乘客： 我　刚才　不　小　心　在　楼　梯　上　摔倒了。

站务员： 大　爷，请　问　您　有没有　受　伤？

乘客： 我的　右　脚　崴了，很

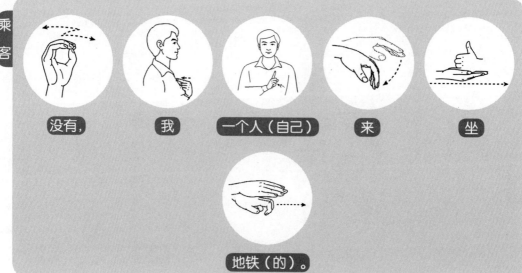

随后，小李把老年乘客扶到休息室，并联系了乘客家人。

另一天中午，站务员小李正在站台巡视。当站台门即将关闭时，一名聋哑乘客欲冲进列车，被站台门夹到。乘客立即退回站台，表情有些痛苦。小李见状立即上前。

手语服务场景三：发现乘客被站台门夹伤

站务员： 先生， 您 好。 请 问 您 有没有 受 伤？

乘客： 我的 手臂 被 站 台 门 夹到了， 好 疼。

站务员： 您 跟 我 到 休息 室， 我 帮 您 处理一下。

项目六　应急处理手语

乘客：不用了，我赶时间。

站务员：我帮您看看是否需要包扎？

乘客：没关系，一点小伤，我还要去上班。

站务员：好吧，为了您的安全，

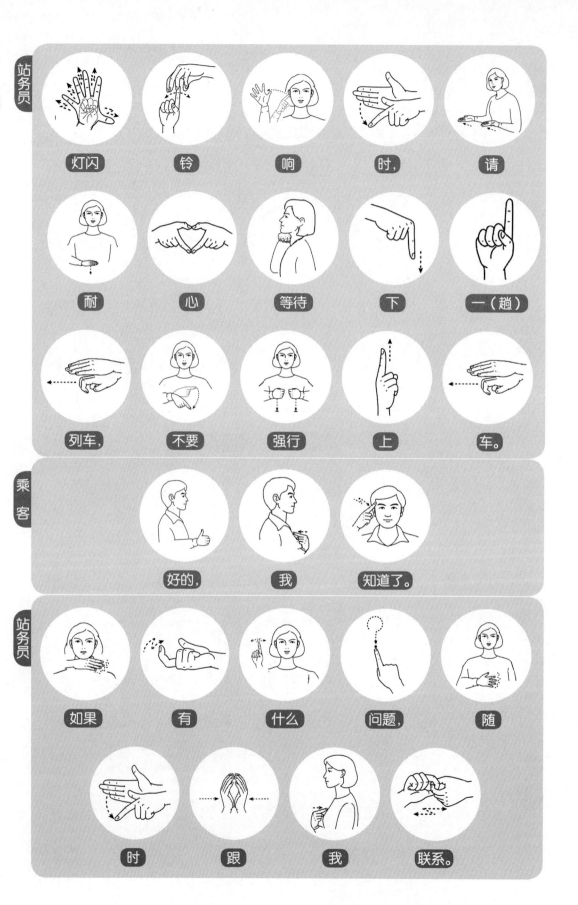

任务实施

1. 复习重点词汇和短语手势。

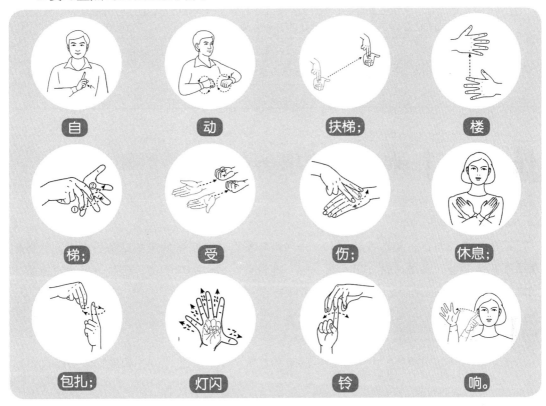

2. 以两人为一小组,运用以上重点词汇和短语,编写一段客伤事故处理的对话,并用手语展示出来。

站务员:

乘客:

站务员:

乘客:谢谢。

站务员:不用客气,祝您旅途愉快。

任务考核与评价

根据任务完成情况及小组展示表现,完成本次学习任务的考核与评价。具体考核评价标准参考项目六任务一考核评价表(表6-1)。

表 6-1 项目六任务一考核评价表

学号：　　　　　　　　班级：　　　　　　　　姓名：

考核能力	考核项目	考核内容	分值（分）	小组互评	教师评价
专业能力	手势准确性	重点词汇手势准确	20		
	手势标准性	对话展示的手势规范、标准	15		
	手势流畅性	对话展示的手势顺畅、流利	15		
	手语语法习惯	对话展示的手势符合聋哑乘客的用语习惯	10		
素养能力	团队合作能力	与同伴友爱互助、配合默契	10		
	创新发展能力	设计的对话合理、完整	10		
	服务意识	设计的对话体现对聋哑乘客的友爱、关怀	15		
	服务礼仪	对话展示体现良好的服务礼仪	5		
		合计	100		

任务二　乘客特殊事务处理

情境导入

某日上午10时许，某地铁站台上，一名中年乘客神色慌张地走向站务员小李。只见他双手不停比划着，嘴里"啊，啊，啊……"地说着什么。小李明白，这是一名聋哑乘客。如果你是一名车站工作人员，要如何向聋哑乘客提供帮助？

任务描述

请先学习"知识储备"中的典型手语服务场景，然后完成"任务实施"中的题目。

知识储备

手语服务场景一：乘客物品遗失

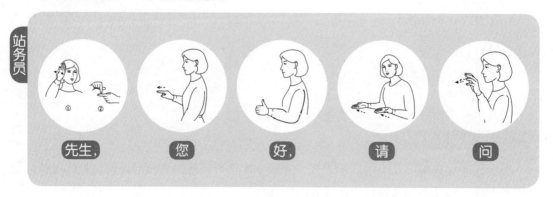

站务员：先生，您好，请问

项目六 应急处理手语

站务员: 您 需要 帮助 吗？

乘客: 我的 钱 包 丢失了。

站务员: 先生, 请 不要 着急。 您的 钱 包 在 哪里 丢的？

乘客: 我 刚才 下 车 时, 发现 钱 包 不见了, 可

乘客：能（是）落在车上（了）。

站务员：好的，您跟我到客服中心登记。如果我们找到钱包，会尽快与您联系。

乘客：好的，谢谢。

站务员：不用 客 气， 请 您 跟 我 来。

随后，小李带着这名乘客朝客服中心的方向走去。

另一天上午10时许，小李在站厅巡视时，前方有一名聋哑乘客晕倒在地。小李立即跑过去查看情况。

手语服务场景二：乘客身体不适

站务员：女士， 您 好。 请 问 您 怎 么了？

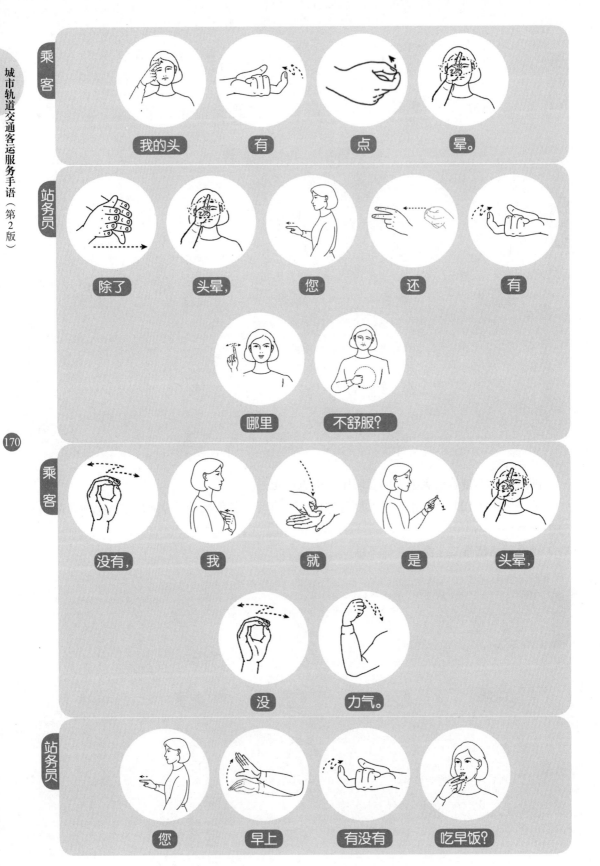

乘客: 没有, 我 赶时间, 没来得及 吃早饭。

站务员: 我 先 扶 您 到 休息 室, 喝点 水, 吃些 点 心。

乘客: 好的, 谢谢。

站务员: 请 问 您 有没有 好

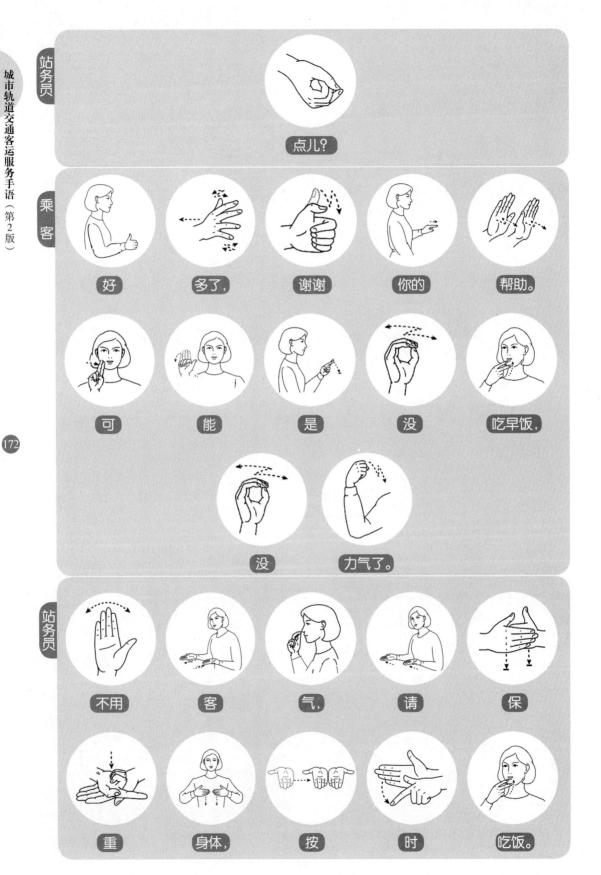

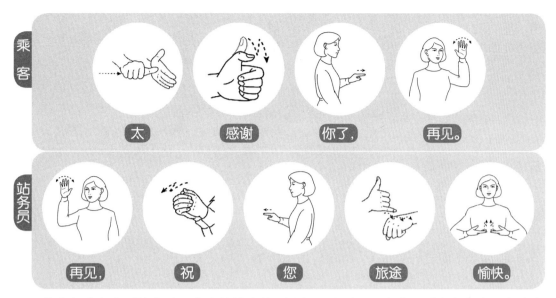

待这名乘客离开站台后，小李继续在站厅巡视。这时，一名聋哑乘客急匆匆地朝小李走过来，小李立即迎上前。

手语服务场景三：乘客物品掉下轨道

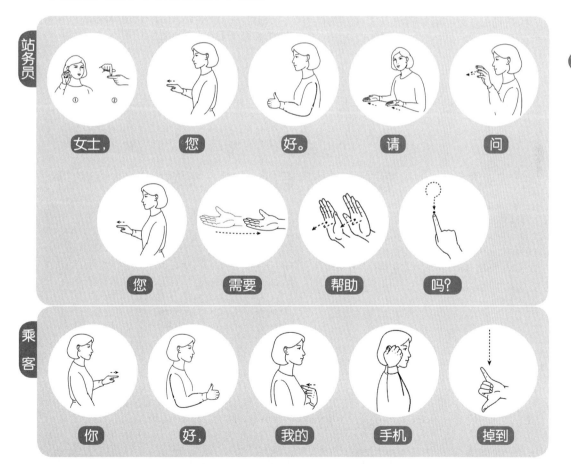

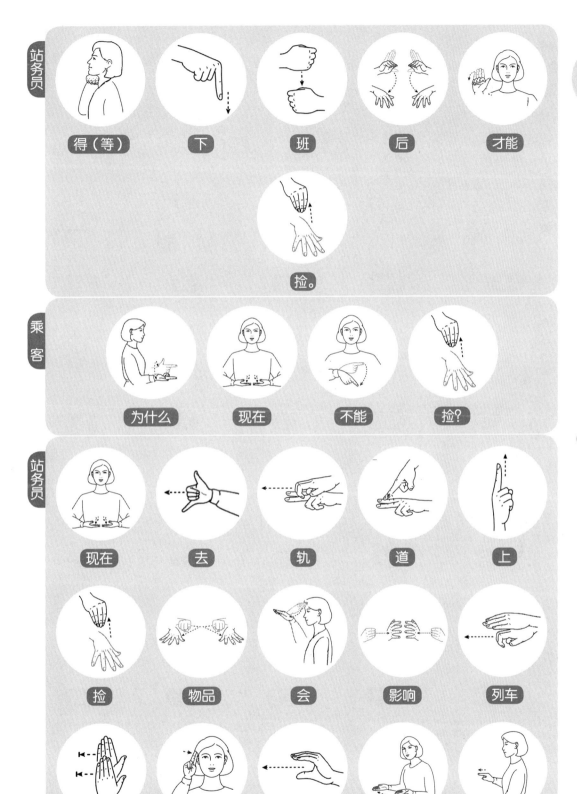

站务员　谅解。

乘客　（那）我的　手机　怎　么　办？

站务员　您　可以　跟　我　到　客　服　中　心　登记，留下　您的　电话　号码。捡回　手机　后，我　们　立即

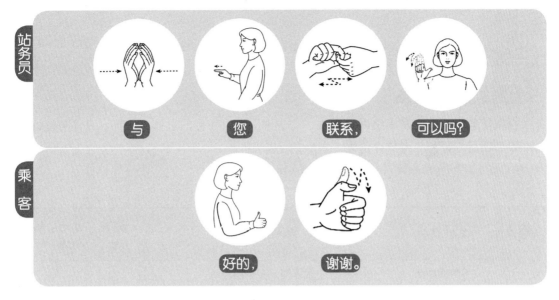

随后，站务员小李陪同这名乘客一起来到客服中心做好登记，并表示捡回手机，一定立即与她联系。乘客这才放心离开。

任务实施

1. 复习重点词汇和短语手势。

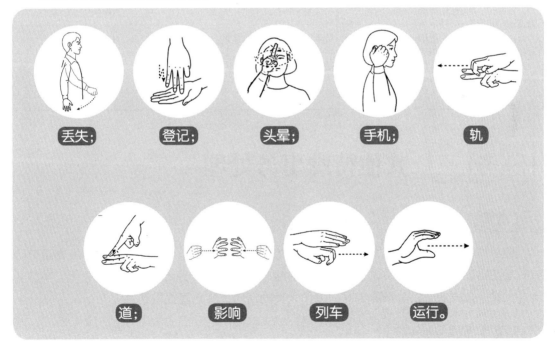

2. 以两人为一小组，运用以上重点词汇和短语，编写一段乘客特殊事务处理的对话，并用手语展示出来。

站务员：

乘客：

站务员：

乘客：谢谢。

站务员：不用客气，祝您旅途愉快。

任务考核与评价

根据任务完成情况及小组展示表现，完成本次学习任务的考核与评价。具体考核评价标准参考项目六任务二考核评价表（表6-2）。

表 6-2　项目六任务二考核评价表

学号：　　　　　　　　班级：　　　　　　　　姓名：

考核能力	考核项目	考核内容	分值（分）	小组互评	教师评价
专业能力	手势准确性	重点词汇手势准确	20		
	手势标准性	对话展示的手势规范、标准	15		
	手势流畅性	对话展示的手势顺畅、流利	15		
	手语语法习惯	对话展示的手势符合聋哑乘客的用语习惯	10		
素养能力	团队合作能力	与同伴友爱互助、配合默契	10		
	创新发展能力	设计的对话合理、完整	10		
	服务意识	设计的对话体现对聋哑乘客的友爱、关怀	15		
	服务礼仪	对话展示体现良好的服务礼仪	5		
合计			100		

任务三　其他特殊事务处理

情境导入

地铁作为重要的交通工具，每天承担着大量的运输任务。日夜不停运转的地铁车站，有时难免出现一些意外情况，如设备故障导致车辆晚点、恶劣天气造成车站关闭、车站客流过大等。如果遇到以上特殊情况，工作人员如何向聋哑乘客提供帮助呢？

任务描述

请先学习"知识储备"中的典型手语服务场景，然后完成"任务实施"中的题目。

知识储备

手语服务场景一：因设备故障导致车辆晚点

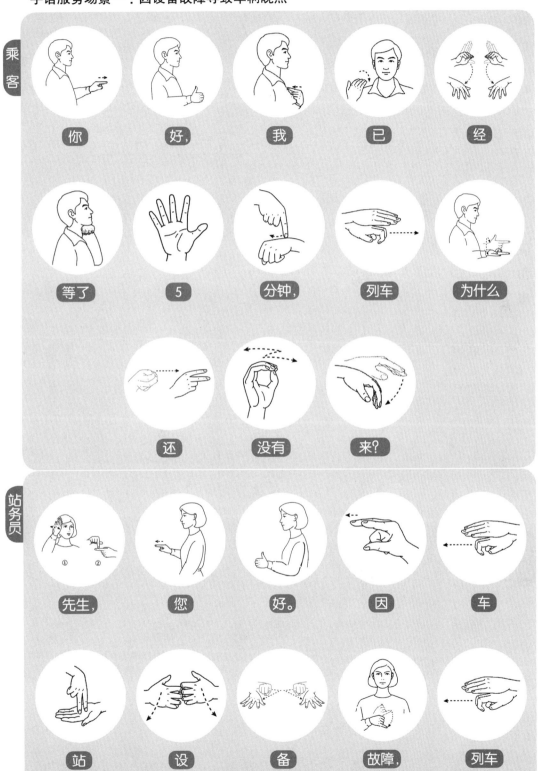

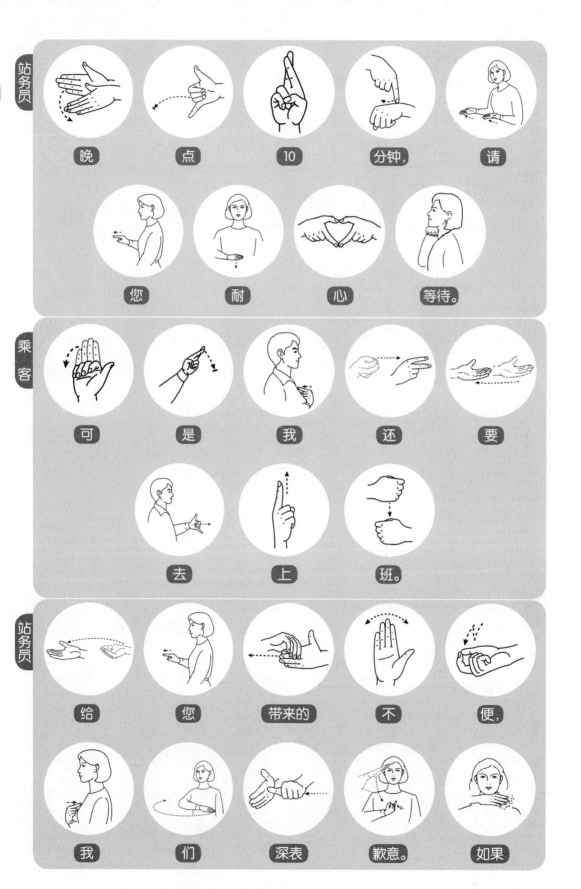

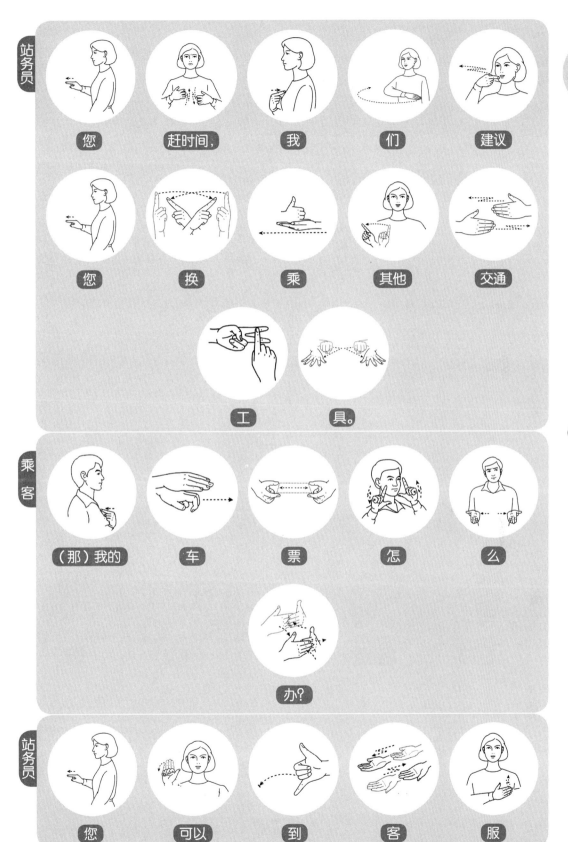

站务员: 中 心 办理 退 票 手 续。

乘客: 好吧。

站务员: 谢谢 您的 理 解 与 配合。

手语服务场景二：因恶劣天气关闭车站

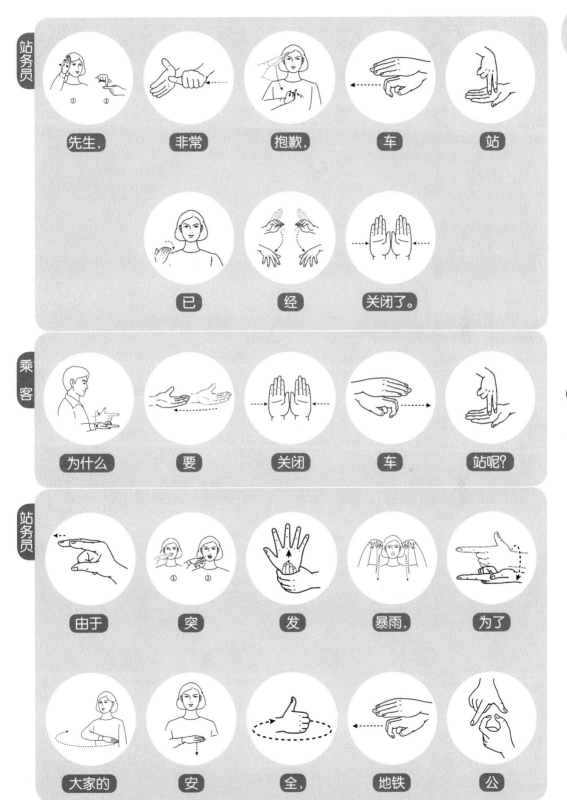

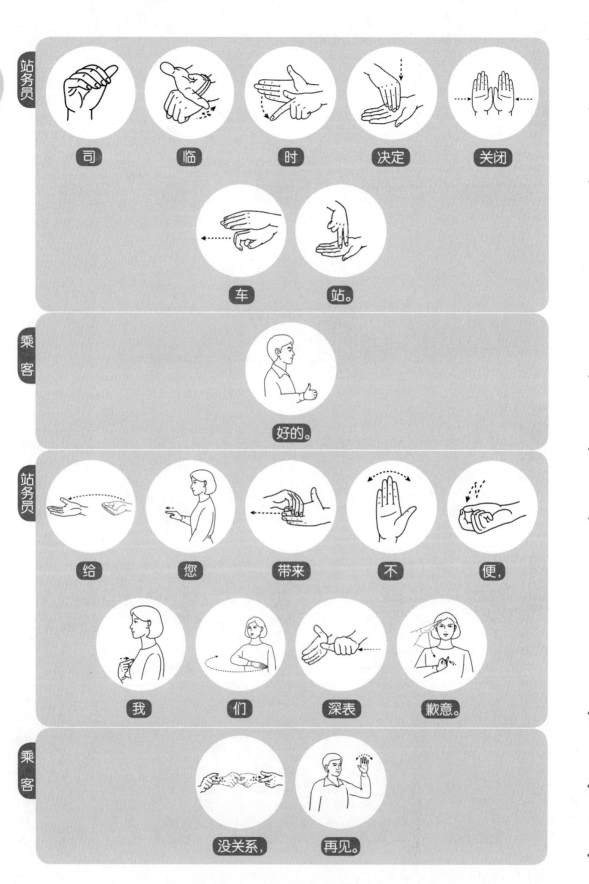

站务员 谢谢 您的 理 解 与 配合, 祝 您 愉快。

项目六 应急处理手语

手语服务场景三：疏导车站大客流

站务员 先生, 您 好, 由于 现在 乘 客 较 多, 请 您 按 秩序 排队 进

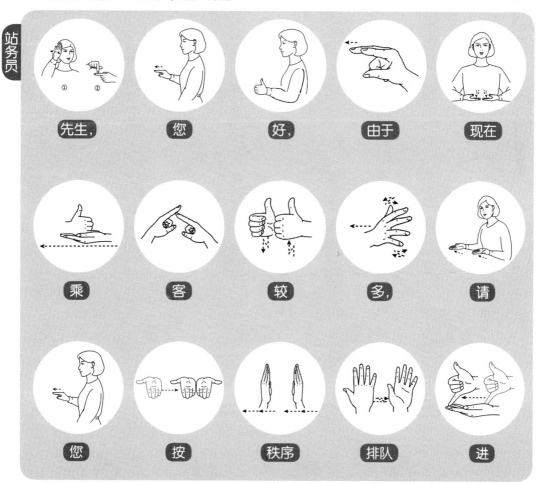

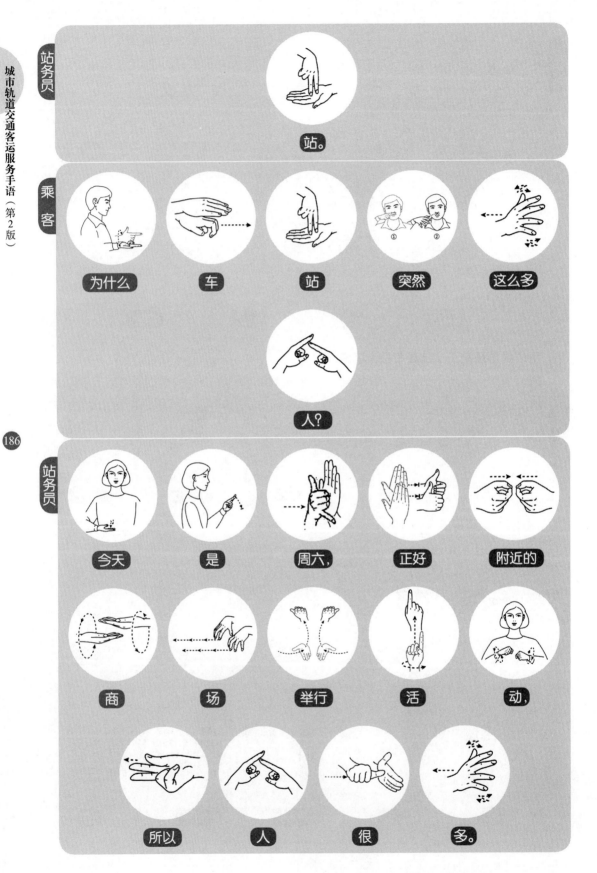

乘客： 原来 如此。

站务员： 请 您 按照 工 作 人 员的 指示 进 站 乘 车, 注意 安 全。

乘客： 知道了。 谢谢 你。

站务员： 不用 客 气。

任务实施

1. 复习重点词汇和短语手势。

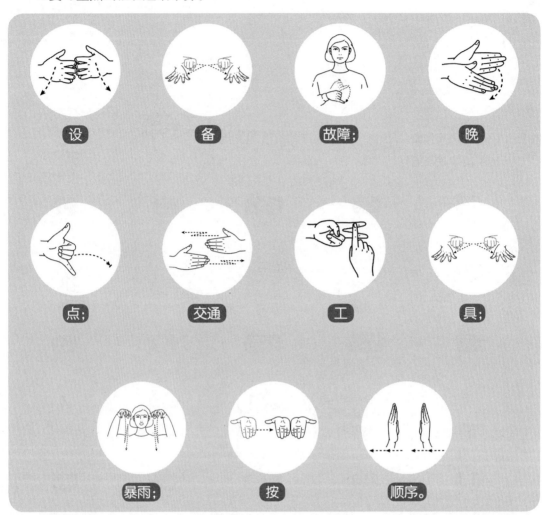

2. 以两人为一小组,运用以上重点词汇和短语,编写一段疏导车站大客流的对话,并用手语展示出来。

站务员：

乘客：

站务员：

乘客：谢谢。

站务员：不用客气,祝您旅途愉快。

任务考核与评价

根据任务完成情况及小组展示表现,完成本次学习任务的考核与评价。具体考核评价标准参考项目六任务三考核评价表（表6-3）。

表 6-3　项目六任务三考核评价表

学号：　　　　　　　班级：　　　　　　　姓名：

考核能力	考核项目	考核内容	分值（分）	小组互评	教师评价
专业能力	手势准确性	重点词汇手势准确	20		
	手势标准性	对话展示的手势规范、标准	15		
	手势流畅性	对话展示的手势顺畅、流利	15		
	手语语法习惯	对话展示的手势符合聋哑乘客的用语习惯	10		
素养能力	团队合作能力	与同伴友爱互助、配合默契	10		
	创新发展能力	设计的对话合理、完整	10		
	服务意识	设计的对话体现对聋哑乘客的友爱、关怀	15		
	服务礼仪	对话展示体现良好的服务礼仪	5		
		合计	100		

任务四　其他轨道交通应急处理

情境导入

某日上午，从武汉站开往北京西站的列车上，一名乘客突然身体不适，乘务员急忙上前询问。如果你是一名乘务员，要如何向他提供帮助？

任务描述

请先学习"知识储备"中的典型手语服务场景，然后完成"任务实施"中的题目。

知识储备

手语服务场景一：乘客在列车上身体不适

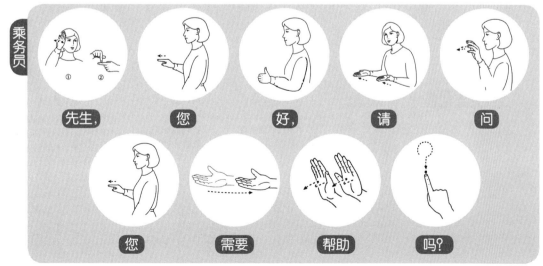

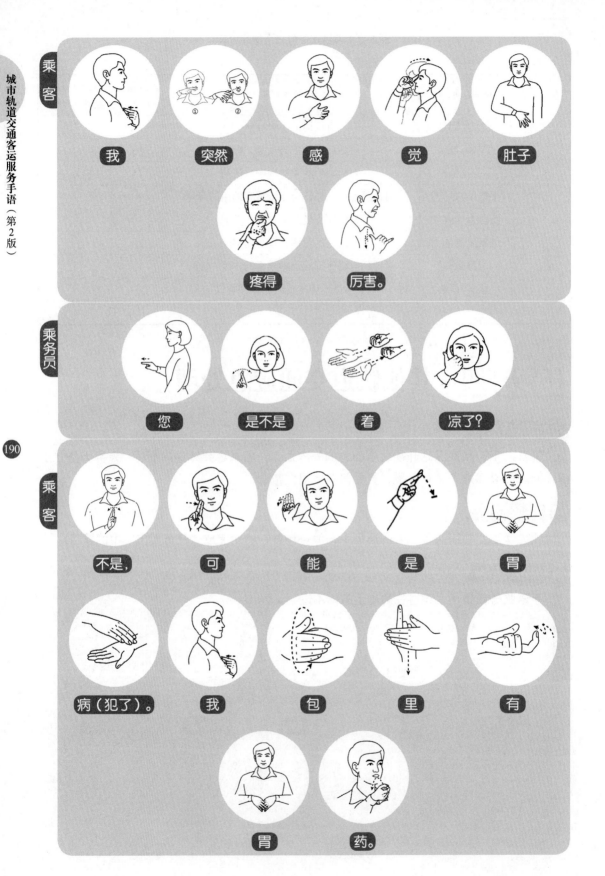

项目六 应急处理手语

乘务员：（那）您 需要 热 水 吗？
我 帮 您 倒一杯 热
水 过来。

乘客： 好的, 谢谢 你。

乘务员： 不用 客 气, 请 您
稍 等。您 好, 您

乘客

好的。

过了一会，列车突然停下来。这位聋哑乘客看见一名列车员从车厢经过。他从座位上站起来，向乘务员询问情况。

手语服务场景二：设备故障引起的列车临时停车

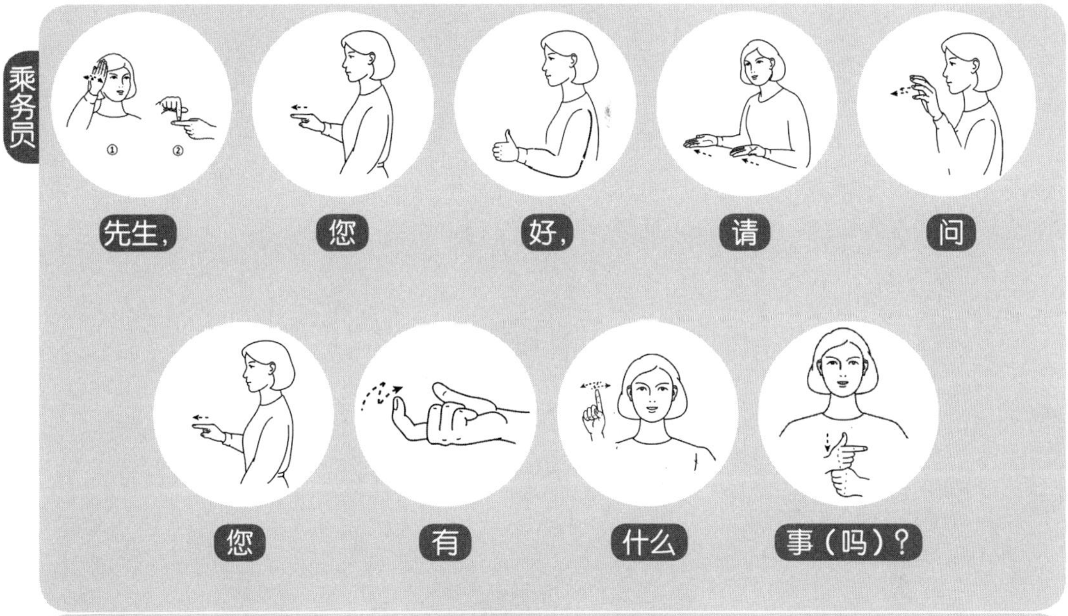

乘务员

先生， 您 好， 请 问

您 有 什么 事（吗）？

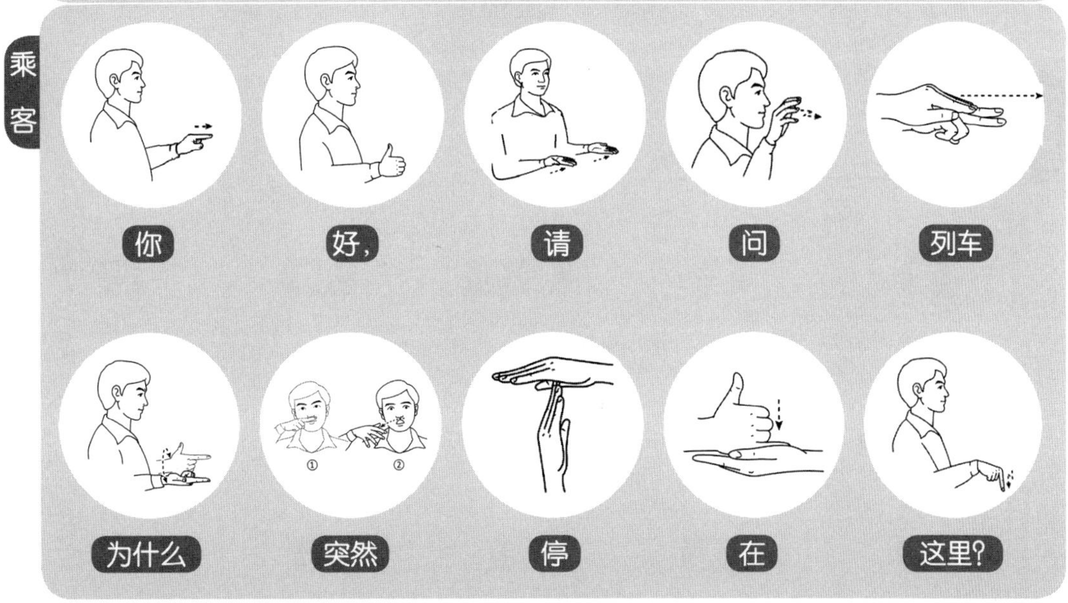

乘客

你 好， 请 问 列车

为什么 突然 停 在 这里？

城市轨道交通客运服务手语（第2版）

乘务员：请 您 稍 等， 我 去 了解 情况 后 回复 您。

乘客：好的。

乘务员：旅 客 朋友们， 大家 好。 因 前方 车 站 设

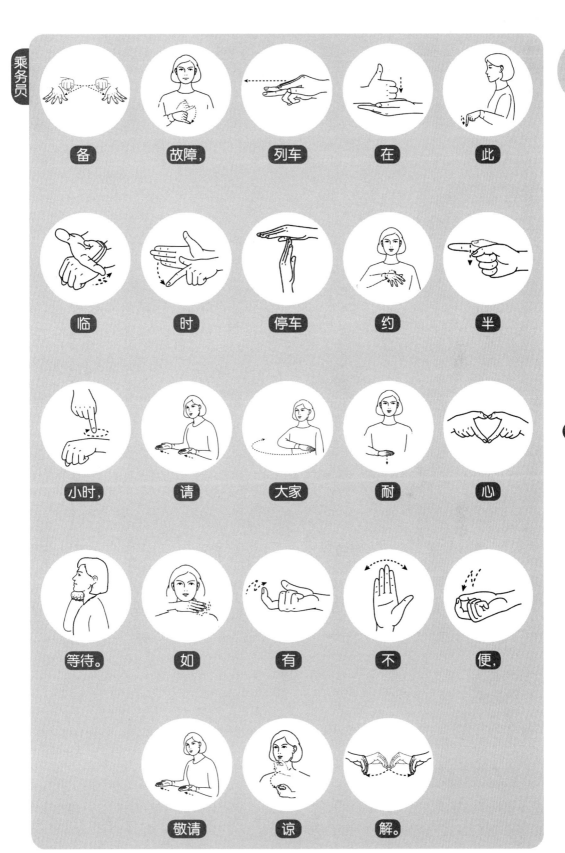

任务实施

1. 复习重点词汇和短语手势。

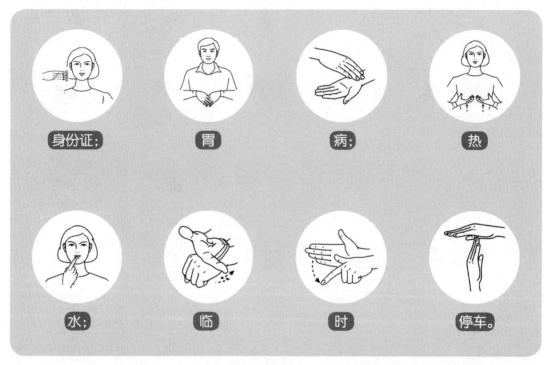

2. 以两人为一小组，运用以上重点词汇和短语，编写一段乘客突发疾病应急处理的对话，并用手语展示出来。

客运员：

乘客：

客运员：

乘客：谢谢。

客运员：不用客气，祝您旅途愉快。

任务考核与评价

根据任务完成情况及小组展示表现，完成本次学习任务的考核与评价。具体考核评价标准参考项目六任务四考核评价表（表6-4）。

表 6-4　项目六任务四考核评价表

学号：　　　　　　班级：　　　　　　姓名：

考核能力	考核项目	考核内容	分值（分）	小组互评	教师评价
专业能力	手势准确性	重点词汇手势准确	20		
	手势标准性	对话展示的手势规范、标准	15		
	手势流畅性	对话展示的手势顺畅、流利	15		
	手语语法习惯	对话展示的手势符合聋哑乘客的用语习惯	10		
素养能力	团队合作能力	与同伴友爱互助、配合默契	10		
	创新发展能力	设计的对话合理、完整	10		
	服务意识	设计的对话体现对聋哑乘客的友爱、关怀	15		
	服务礼仪	对话展示体现良好的服务礼仪	5		
		合计	100		

素养小课堂

学以致用，受用终身
——小手语解决大难题

小雪是一名北京交通运输职业学院城市轨道交通运营管理专业的毕业生，在学校学习时曾是手语社团的骨干成员。最初她是因为好奇走进手语，后来慢慢发现了它的魅力与价值。小雪在校期间，学院每年都积极报名参加手语比赛，同企业、社会组织等同台竞技，不仅切磋手语技艺，也用实际行动服务残障人士，贡献爱心力量。在备战的过程中，需要学习用情景剧的形式呈现地铁站务员遇到突发事件的处理流程及工作方法。小雪的手语老师、专业课老师和企业导师认真收集材料，汇总出地铁运营管理过程中的十余种常见突发情况，针对每一种突发事件的处理进行情节编排，并用手语呈现出来。小雪和其他参赛学生经过努力学习和勤奋练习，用深情演绎和动人呈现赢得了手语比赛的荣誉。

走上工作岗位后，小雪成为一名地铁的站务员。一次，小雪所在车站收到呼叫，一名聋哑乘客和自己的残疾人团队走散了，非常焦急地比划着。站台上的站务员不懂手语，需要小雪支援。小雪迅速赶到站台，用熟练的手语同聋哑乘客沟通。原来这位乘客第一次来北京和自己的残疾人团队参加活动，第一次乘坐地铁，但是在站台上被密集的人群挤散，同伙伴们失去了联系。小雪了解情况后，马上通知下一站同事联络残疾人团队集中等待，使这位聋哑乘客与他们尽快会合。这一举动赢得了多位领导和同事的"点赞"。小雪事后深深地感念曾经大学时期在手语社的成长经历，感谢自己曾经学习并掌握手语知识让自己受用。经历此事，她也下定决心，一定要将所学传播开来，让工作伙伴们都能掌握基础的手语知识，更好地服务广大乘客，让更多的人群受益。

< 延伸思考 >

请问你学校有手语社团（兴趣小组）吗？请编写一个手语服务志愿者活动策划方案。

参考文献

[1] 中国聋人协会，国家手语和盲文研究中心.国家通用手语词典[M].北京：华夏出版社，2019.

[2] 中国残疾人联合会教育就业部，中国聋人协会.中国手语（修订版）[M].北京：华夏出版社，2003.

[3] 杨军辉，吴安安.中国手语入门[M].郑州：郑州大学出版社，2014.

[4] 刘本部.实用手语[M].济南：山东教育出版社，2016.

[5] 郑建杭，文丽.城市轨道交通服务礼仪[M].重庆：重庆大学出版社，2015.

[6] 潘利，李培锁.城市轨道交通车站客运服务[M].北京：人民交通出版社股份有限公司，2017.

[7] 李洁，毛钰凌.城市轨道交通客运服务手语[M].武汉：华中科技大学出版社，2019.

[8] 李洁.城市轨道交通公共服务手语[M].北京：中国铁道出版社，2018.

[9] 肖冉，雷江华，宫慧娜，等.聋人面部与手势间注意转换差异研究进展[J].中国特殊教育，2021(2)：45-51.

[10] 于松海，张宁生.聋人手语的语言学研究[J].中国特殊教育，2004(9)：61-90.

[11] 郑璇，赵勇帅.语言权视角下的聋人手语保护：挑战与对应[J].人权，2020(06)：12-23.